中华先烈人物故事汇

周逸群

军事科学院解放军党史军史研究中心

学习出版社

中华先烈人物故事汇《周逸群》编委会

主　任：陈传刚

副主任：陈秋波　曲宝林　周　鑫

编　委：郭　芳　褚　杨　王　冬
　　　　王　雷　陈永红　刘向东

主　编：陈传刚

副主编：陈秋波

编　著：廖雪琴

目 录

Contents

引 子

周逸群，字立凤，笔名黔铁、易穹、一穹、翊勋，化名左应龙。1898 年 7 月 23 日出生于贵州省铜仁县（今铜仁市）一个小商人家里，自幼聪明好学，兴趣广泛，并受到良好的教育。他把“尽日望云心不击，有时看月夜方闲”和“观书到老眼如镜，论事惊人胆满躯”作为求知的座右铭。19 岁时，以优异的成绩从贵阳南明中学毕业，并谋到一份令人羡慕的差事。而他抱以读书不只是为“长其脑力，广其智慧，以图个人之成立”，而应以“为探索救国之道，为民主的中国”为己任的志向，不久就辞去工作赴日本求学。

1919 年，周逸群刚到日本不久，国内爆发声势浩大的五四爱国运动，他积极参加留学生的声援活动，并被选为学生代表回国进行请愿。返日后，他更加勤奋学习，热心参加各种进步集会，交结爱国人士，寻求救国救民之道。经过4年刻苦学习和锻炼，回国后在上海创办《贵州青年》旬刊，宣传反帝反封建的政治主张，号召青年行动起来，投身革命的洪流。该旬刊成为当时唤醒青年向黑暗势力冲锋的革命号角。

1924年10月，周逸群考入黄埔军校第2期学习，很快成为校内活跃人物，不久就加入中国共产党。他积极投身青年军人运动的宣传和组织工作，任“中国青年军人联合会”主席，创办《青年军人》《中国军人》等刊物，显示出卓越的组织和宣传才能，被称为“黄埔岛上的一颗新星”。1925年年初，被推选为黄埔军校特别党部第2届常务委员，主持日常工作。

北伐时期，周逸群积极协助周恩来在国民革命军中开展党的工作，受北伐军总政治部委派，带队到贺龙第1师做宣传，并任师政治部主任，与贺龙一起率部两次出师北伐，取得辉煌的战绩，成为北伐军中的一支劲旅。

1927年8月1日，时任第20军政治部主任的周逸群，根据党中央指示，与贺龙、叶挺等率部发起南昌起义，起义胜利后任第 20 军第 3 师师长。

1928 年 1 月，受党委派到荆江地区开展武装斗争，开创湘鄂西革命根据地，任中共鄂西特委书记，与贺龙一起领导了鄂中、鄂西地区的武装暴动，创建湘西工农革命军，领导了桑植起义。5 月，与贺龙失散后，回到洪湖拉队伍打游击。1929 年 8 月，组建鄂西游击总队，任总队长。不久，成立中国工农红军独立第 1 师，任党代表。1930 年 2 月，组建中国工农红军第 6 军，兼任政治委员。成立鄂西苏维埃联县政府时，任联县政府主席。1930 年 7 月，积极创造有利条件，率领红 6 军与红 4 军会师。组成红 2 军团后，任军团政治委员。

1930 年 9 月，中央派邓中夏来到洪湖，接任了周逸群鄂西特委和红 2 军团政委的职务，周逸群被调往地方工作。邓中夏把鄂西特委改为湘鄂西特委，自任书记。红 2 军团南下后，周逸群代理湘鄂西特委书记，在他的领导下，组建江左、江右军和独立团，实行全民皆兵，打败了国民党集重兵对洪湖革命根据地的两次大规模“围剿”，保卫了洪湖苏区，壮大了红军和地方武装力量。

1931 年 3 月，由于受到“左”倾教条主义代表人物夏曦的排挤，周逸群被调离洪湖苏区，以巡视员的身份到江南洞庭湖检查工作。他来到洞庭湖后，广泛发动群众，组织武装力量，消灭了罪大恶极的团防队和田赋征收处，一个新的革命根据地——洞庭湖特区很快形成，令国民党大为震惊。

5 月中旬，夏曦不顾大家的反对，执意要求周逸群回洪湖瞿家湾汇报工作。20 日，周逸群离开洞庭湖，在途经湖南省岳阳市贾家凉亭时，遭敌伏击，英勇牺牲。年仅 33 岁。

周逸群博学多才，文武兼备，有识有谋，智勇双全，他总是忘我地工作，为革命鞠躬尽瘁。他说：“只要我一天活着，我就一天不停止党的工作。”“我们共产党员，要像铁一样硬，钢一样强。”他与毛泽东等老一辈无产阶级革命家在不同地域解决了“怎样革命”的历史性课题，为中国共产党开辟农村包围城市、武装夺权政权的革命道路作出了重要贡献。

周逸群是中国共产党的优秀党员，杰出的无产阶级革命家、军事家、宣传家、活动家。早期人民军队的缔造者、中国共产党领导的湘鄂西革命根据地和红军的创建者之一。

周逸群用短暂的年华创造了卓著功勋，用青春和热血谱写了壮烈诗篇。2009年被评为“100位为新中国成立作出突出贡献的英雄模范人物”。

01

救国救民求真理

勤奋少年郎

1898年7月23日，贵州省铜仁县城关镇大公馆路有名的漆雕匠人周自本家，诞生了一个男孩儿。这是周氏家族的一件大喜事，因为孩子的出生，获得了五世同堂的美名。全家人商议，一定得热闹一番，当然还要给孩子起个响亮的名字。大家七嘴八舌地提出了自己的想法，最后爷爷决定，按照家谱，起名周逸群，字立凤。

清朝道光年间，周逸群的曾祖父周卓然，从湖北省蒲圻县杨柳村周家园迁居铜仁，专门从事油漆生产。这一手艺被周逸群的祖父、父亲继承下来，并且有所发展。父亲周自本不但继承了祖父的割漆技术，而且是个远近闻名的漆雕匠人，在城关镇有油漆铺，还有杂货店，生意做得很红火。

周逸群出生的时候，中国的国门已被列强炮舰打开，国外“洋货”不断涌入，使中国传统手工业遭到严重冲击，周自本从事的油漆生意日趋艰难。

由于长期劳累，加之生意的不景气带来心理上的压力，周逸群的父母先后病倒了。此时，周逸群年龄尚小，只能在几位族叔的帮助教育下成长。

当时，铜仁只有私塾，没有新学堂。周逸群到了念书的年龄，就和其他有钱人家的孩子一样，进私塾读书。但没过多久，周逸群就不愿意去了，原因是他不肯每天给“圣人”作揖下跪。于是就到三伯父周自炳门下，由周自炳在家督促和指导他自学，主要是识字、读书、习字。三伯父对他的教诲和要求是：“尽日望云心不击，有时看月夜方闲。”“观书到老眼如镜，论事惊人胆满躯。”这些话成为少年周逸群求知的座右铭。

1905 年，三伯父周自炳联合从日本留学回乡的周井桐等人创办了铜仁第一所新学堂——城南小学，学校实行初小、高小 8 年制，周逸群插到乙班学习。在学校他认真听讲，刻苦攻读，回到家后，仍保持发奋自学的良好习惯。

学校的中外史地和自然科学等课程远远不能满足周逸群强烈的求知欲望。他经常到三伯父的书房里看书看报。他特别喜欢读梁启超的著作，还托人到贵阳、长沙等地买书。8 年中，周逸群托人购买各种书报、杂志共千余册。一天，周自炳大儿子周立礼来借书，在书桌上顺手翻开周逸群的笔记，有算术公式，有文章摘录，满纸蝇头小楷写得工工整整。梁启超著的《论中国学术思想变迁之大势》《新史学》，都是抄的全文。周立礼放声大笑道："好一个精通梁文、有新学之才的廪生！"

周逸群的人缘很好，在学校与同学们相处和睦，深受老师和同学们喜欢；本街近邻的孩子们也喜欢找他玩。谁家有困难，他总是主动帮忙。遇到不公平的事，总爱打抱不平。

当地有个恶霸叫郭铁珊，是有名的"地头

蛇”，欺行霸市，无恶不作，为所欲为，人们都怕他。但周逸群很看不惯，由于人小力弱，也没有办法制服他。郭铁珊的儿子和周逸群同班，整天不读书，窜来窜去，也干了不少坏事，周逸群和同学们向老师面告他。郭铁珊知道了，扬言要打这些同学。有的同学害怕了，周逸群却说：“怕什么？他敢打人，我们就打他的儿子！”于是，周逸群作了一首童谣来“回敬”郭铁珊：

郭铁珊，铁算盘，
仓库白米运江南，
绫罗绸缎赚大钱。
帮工吃不饱，
还要挨皮鞭。
一个小钱掉下河，
舍着性命摸半天，
钱同命相连。

1913 年，周逸群以优异成绩从城南小学毕业，学校为毕业生举行了隆重的毕业典礼，之后，学校又组织毕业学生游行。周逸群胸挂红绸，骑马当头，英姿勃勃。全城老幼投以羡慕的目光，报以热烈的掌声，祝贺获得“秀士”公民资格的第一批铜仁少年，寄托着家乡人们对他们的期望。

这年秋，15 岁的周逸群考入贵阳南明学校中学部第 10 期读书。中学期间，他除了认真学好中学部开设的修身、国文、法制大意、算术等各门功课外，还挤时间阅读中外历史书籍及古典文学作品，他非常崇拜和仰慕历史上正气凛然的英雄人物。在历代著名人物中，诸葛亮是周逸群心目中最有影响的人物。他写出《诸葛亮辅汉于蜀论》《明太祖以布衣起兵论》等文章，刊登在学校创办的校刊《南明杂志》上，得到广大师生和社会人士的好评。

1917 年秋，苦读 4 年的周逸群，以优异的成绩从贵阳南明中学毕业，回到故乡后，正值铜仁教育会成立，三伯父周自炳为教育会会长，周逸群被聘为教育会会计。这份职业，对他来说不是很喜欢，但还是暂时接受了。在工作中他忠于职守，办事认真，对人诚挚，尤不喜欢诳语。但在各种场合，对遇到的许多问题，经过深思熟虑后，总是能提出很有见地的意见。他遇事敢作敢为，行动亦颇周密，受到同事们的尊敬。

反军阀伸正义

1917 年冬，19 岁的周逸群在族叔们的力主下，与当地乡绅伍文彪的女儿伍老丫结婚。妻子人勤手巧，是操持家务的能手，婚后的生活美满幸福。周家族叔和亲朋都指望着他从此安家立业，能为周家传续香火，发家致富。但这些未能束缚住周逸群那颗不安分的心。他读书这么多年，不是只为“长其脑力，广其智慧，以图个人之成立”，而要以“为探索救国之道，为民主的中国”为己任。

过了一年多安逸日子的周逸群，听到北洋政府要公派一批学生到日本留学，他便与族叔们商议，决定辞去铜仁教育会的会计工作，参加考试，争取到日本留学。族叔们知道周逸群是个想做大事的人，不能在这个小地方埋没他的才华，于是都表示支持。尤其是新婚不久的妻子，更了解丈夫心中的志向，说道：“你就放心去吧，家里有我呢，学成后早日归来！”

出发前，周逸群特地来向从小抚养他的族叔和婶娘们辞行，感谢他们的抚育之恩。又同爱妻商量日后家里的生活安排，表示房屋田产等一切事务都由岳父协助照管，同时，还为尚未出世的孩子取名“灵龙”。

周逸群先到上海参加考试，以优异的成绩被选中。1919 年 3 月，他从上海乘坐大客轮东渡到日本。周逸群到东京时，正值樱花盛开的季节，但他根本无心欣赏，也无暇去浏览闻名于世的富士山，而是立即到东亚预备学校补习班学习日文。

正当周逸群埋头苦读之时，国内五四爱国运动爆发。这一彻底的、不妥协的反帝反封建的斗争，给留日中国学生以极大的振奋，同学们纷纷起来组织集会，向国内发通电，声援北平学生的爱国行动。做贼心虚的日本帝国主义极力阻止中国学生的集会，往往是集会刚一开始就被日本警察驱散。中国学生并未因此而屈服，他们打起“打倒日本帝国主义”“誓死收回青岛”“声援国内学生爱国运动”的标语，高呼“取消二十一条”“废除中日军事协定”等口号，浩浩荡荡地走向中国驻日使馆。日本出动军警进行阻拦，并殴打游行的中国留学生，正在游行队伍中的周逸群见此情景，勇敢地冲向前去与警察抗争，结果被凶狠的日本军警抓住，送上了警车。

军警把周逸群等 20 多个被捕的留日学生关押在一起，开始大家都感到很沮丧，没有一个人说话。这时，一个同学突然站起来说道:“同学们，为什么要这样垂头丧气呢？我们应该振作起来呀！来，我们互相认识认识，商量商量怎么办吧？”他接着介绍自己:“我姓彭，名湃，在早稻田大学读书，广东海丰县人。”

“同学们！巴黎会议，就是一次彻头彻尾的分赃会议！日本帝国主义明目张胆地侵略我们，是我们最大的敌人！欧美帝国主义的假面具也被完全戳穿了，他们不但没有帮助中国收回失去的土地和权益，反而逼迫中国承认日本继承德国在山东的权益！”

彭湃越说越激动，他挥舞着有力的手势，声音有些嘶哑，热泪盈眶地喊道：“中国已处在列强蚕食鲸吞的关键时刻，同学们，难道我们还不痛心疾首，负起救国的责任吗？”说完，他咬破手指，用鲜血在一块白布上写下了“毋忘国耻”4个大字。

同学们的热情一下子被彭湃的演讲和举动点燃。周逸群走到彭湃身边，激动地说：“你的话是对的，你敲醒了我的迷梦。西方资本主义的道路在中国是根本走不通的。不过，要挽救中国的危亡，根本的道路到底在哪里呢？”

彭湃坚定地说：“打倒军阀，打倒帝国主义，走俄国人的路！”

周逸群到日本只有一个多月，对俄国十月革命，甚至对马克思列宁主义，还一无所知。但他从彭湃学长身上感受到一股巨大的吸引力，思想上有了共鸣，心灵上产生了共振，这种共振也许就是他苦苦寻找的救国救民的力量。

被抓的学生被解救出来后，彭湃给周逸群寄去了一批书刊，有《解放》《改造》和《社会问题研究》等。后来，周逸群又收到彭湃寄给他的《河上肇——关于马克思经济学》的讲义等。在彭湃的影响下，周逸群开始研读马克思列宁主义的有关理论。

1921 年 5 月，周逸群进入庆应义塾（大学）经济学部预科学习。这年下半年，直系军阀曹锟、吴佩孚与奉系军阀张作霖的矛盾日益加深。第一次直奉战争爆发前，双方积极扩军备战，北洋军阀政府一方面通过财政部发行“盐余公债”来填补财政空虚；另一方面中止了留日学生经费，时间长达数月之久，使留日学生生活陷于极度困境。

来自川滇黔三省的留学生受到的影响更甚，不仅公费留学生的学款被军阀政府扣留或延宕不寄，就连自费留学生也因汇兑阻滞，许多同学无钱吃饭。这种无理的行为让周逸群感到无比气愤，他建议召集三省留学生代表开会讨论。会上，大家众说纷纭，最后周逸群分析说：问题是由于国内大小军阀忙于混战、争夺地盘，不顾学生死活所造成的。我们留学生应该团结起来，组织力量到驻日公使馆进行申诉，同时争取留学生总会的声援。我建议把三省学生组成 3 个小组，每组推举代表 3 人，再由代表推举 1 人为总代表。这一建议得到大家的赞成，最后，周逸群被推举为总代表。

一天清晨，川滇黔三省留学生在神田区中国青年会集合，由周逸群带领代表们到中国驻日公使馆内要求解决问题，其他学生则在公使馆外集会。一开始，老奸巨猾的公使胡维德避而不见，学生代表就在他的办公室静坐，以示抗议。周逸群找到公馆工作人员，几经交涉后，胡维德才肯出面接见。这个北洋军阀的老官僚，以各种理由推诿应付。公馆内，以周逸群为首的代表据理质询；公馆外，广大学生高喊口号进行声援。迫于压力，胡维德不得不同意通过借款的方式来解决留日学生生活困难问题。

1922 年 2 月 6 日，在美国首都华盛顿召开的国际会议上，美国勾结英、法、日、意、比、荷、葡等战胜国，与中国北洋军阀政府签订了丧权辱国的《九国公约》。公约虚伪地宣称“尊重中国的主权与独立及领土与行政的完整”，但同时又规定“各国在华工商业机会均等”和“中国门户开放”，以实现帝国主义共同侵华之目的。《九国公约》一出台，立即遭到中国人民的强烈谴责和反对。

消息传到日本，引起在日华人和留日学生的强烈反对。中国留日学生召开大会，极力声讨北洋军阀政府的卖国罪行，反对华盛顿会议决定。周逸群是这一反帝爱国运动中最积极的人之一。会后，他被选为 20 多名留日学生组成的归国请愿代表团的成员，回到祖国。他们先到上海组织召开群众大会，走上街头发表演讲，动员民众行动起来，打倒卖国政府。后又转赴北京，到段祺瑞政府请愿。他们走到哪里，就与哪里的学生、工人汇集在一起，形成一股强大的革命洪流，冲向反动统治势力。周逸群随请愿团在国内参加了一个多月的活动后，一起返回日本。

此时的周逸群，思想上发生了很大的变化，他认为：中国革命必须走列宁之苏俄道路方能成功。他在写给亲友的信中说："中国要想达到几千年来所理想的大同世界，就必须彻底粉碎资产阶级体系，建立坚强的无产阶级体系，实行无产阶级专政。"

不久，他结识了正在日本士官学校学习军事的贵州籍同乡毛景周。他俩经常在一起交流思想，讨论祖国的前途命运，述说各自的抱负。周逸群说："要想实现救国救民，必须砸碎这个旧世界，改变旧制度，走苏俄革命的道路。"

1923 年春，毛景周在士官学校毕业，周逸群在日本也学习了 4 年，他们相约回国。在上海期间，他们对湘黔的局势进行认真的研究，认为到那里去拉队伍开展革命行动比较有利。那里"天高皇帝远"，都是地方军阀把持，如湖南凤凰的陈渠珍就是赫赫有名的"湘西王"。为了各自的利益，军阀之间互相火拼，导致连年发生战争，人民群众处于水深火热之中。

周逸群一行人来到湘黔边后，立即开展兵运及联络工作。经过大半年的努力，由于没有提出让群众信服的主张，宣传工作也做得不够深入细致，最终也没有把工农群众发动起来。

创办《贵州青年》

1924 年年初，周逸群再次来到上海，他总结在湘黔边革命运动没有成功的经验教训，认为要唤醒和发动工农群众起来革命，必须做好宣传工作。于是，他决定当一名记者，用自己的笔来传播马克思列宁主义和民主革命思想，号召人民群众团结起来，与封建军阀和地方反动势力作斗争。他撰写的《革命与统一》一文，发表在《新建设》第 1 卷第 5 期上。文章以充分的史实论证了“革命”与“统一”的辩证关系，指出，“军阀就是中国统一的障碍物”“中国若不用革命的手段，把反革命派的势力根本铲除，中国不会实现真正的统一”“而且为要防制反革命派，革命以后，必要有相当的时间，由革命派专政”，这样，“民主国家，才能实现，才能有真正的统一可言”。在同一期上，还刊登了恽代英撰写的《中国革命的基本势力》、萧楚女撰写的《教育与革命》，这 3 篇重磅文章对时局产生了很大的影响。

受此启发，周逸群萌发了自己办刊物的想法。于是，他找到贵州进步青年李侠公等人商议。周逸群以坚决的口吻说：“我们自己来办报吧！”李侠公诧异地问：“有力量办吗？”周逸群说：“办不了大报，办个以贵州为对象的小报吧。贵州是一国的缩影，谈贵州，就很自然地谈到全中国嘛。”他接着又说：“我们应面对青年，就取名《贵州青年》吧。”

经过一番努力，《贵州青年》旬刊于1924年5月10日正式创刊，周逸群在创刊号《宣言》中写道：“可怜的贵州，推演到今天，真是黑暗达于极点了！”

《宣言》中还明确提出了办刊的宗旨及主张：我们对于“政治”，主张：（1）促进真实的民主政治实现；（2）唤起民众的阶级的自觉，以与权力阶级对抗；（3）不持狭隘的地方主义，在解决贵州问题时，并企图解决国家问题。我们对于“社会”，主张：（1）打破一切虚伪的不平等的制度；（2）唤醒青年向上精神，使之自拔于黑暗社会；（3）促进“互助”“团结”的美德，以训练团结生活。我们对于“文化”，主张：（1）积极灌输新思想，以唤起青年界底知识欲；（2）改造因袭的人生观，使一般人得着“人的生活”；（3）铲除一切占据思想界底旧权威的黑暗势力；（4）促醒教育根本的注意

点;（5）希望我们贵州底新知识界诸君，尽量地担负灌输或倡导文化底责任。

《贵州青年》旬刊社设在上海法租界哈同路民厚南里910号，租用两间房。因不够用，就用文件资料柜把房间隔开，分别做编辑室、接待室和寝室。周逸群全身心投入，从采访、收集素材到拟稿，从审稿、编排到校对等工作，他都参与其中。

《贵州青年》的版面是采取活页折叠式。开始每期只印发数百份，后来增加到了几千份。所用经费，除了得到少量捐助外，大部分都靠周逸群家里寄钱来解决。周逸群对当时全国的形势，尤其对西南的政局，有深刻的了解和敏锐的洞察力。他以“黔铁”笔名撰写的《贵州问题的先决问题》一文，肯定贵州在全国革命中的地位和作用。他写道，贵州人切不可以因为恨唐继尧滇军而走错路，去欢迎直系势力袁祖铭回黔驱滇。因为贵州“实在是屹立西南，始终和北洋军阀对抗，为着民国奋斗的”，“今天西南尚在继续护法事业联合努力革命的程期中，贵州既和西南各省有不可分割的历史关系”，故贵州人今日是不能让“任何反势力侵入，将它原有的个性摧残，使它的地位和精神，从此与它的环境永陷于矛盾和冲突的悲境”。

周逸群发表在《贵州青年》第6期上的《精神附北与实质附北》一文，在西南地区引起强烈的震撼。他以铁的事实、精辟的分析，揭露西南军阀刘湘、袁祖铭等投靠北洋军阀的罪行，分析了他们的政治动向，指出“西南降北的军阀，可分两派：（一）精神附北派，（二）实质附北派。前者以刘湘、赵恒惕为代表，后者以刘存厚、袁祖铭为代表”。无论哪一派，都是一丘之貉。“精神附北与实质附北，性质虽异，而同为附北。”“我们既站在民主主义旗帜下说话，自然应一律加以攻击。”不过在和他们斗争时，对待黔军要把广大士兵、进步军官同反动军官加以区别。对前者，希望他们觉醒；对后者，则“毫无疑义地攻击他们的附北行为”。

文章发表后，黔军中的许多官兵纷纷挣脱北洋军阀的束缚，参加到国民革命军中来，由此引起北洋军阀政府和西南军阀的极度恐慌。为压制革命舆论，他们指使贵州的“爪牙”给《贵州青年》投匿名信，威胁说：“贵州的政权在袁将军手里握着，你铜仁家里亲属的生死命运由袁将军操着，劝你识点时务，否则后果不堪设想！”信中还画了一支作枪击青年社姿势的手枪，还用“贵州省黔军总指挥部”的大封筒官衔信封寄来。

面对他们这些无耻的威胁和恫吓，周逸群冷笑着说：“袁祖铭真是蠢如猪狗，画一支手枪，写几句威吓的话，就能让我们停刊的话，我们不早就到他那里去当幕僚了？”李侠公提醒说：“还是小心一点为好！袁祖铭这家伙对反对他的人，是什么手段也使得出来的。”不出李侠公所料，袁祖铭等将这篇文章视如洪水猛兽，纳入了“北洋政府京畿卫戍总司令部”的秘密档案，对周逸群进行通缉，并将《贵州青年》视为贵州禁书，因此刊物寄到贵州多被没收销毁。尽管如此，周逸群面对敌人的卑劣行径，仍坚定不移地继续战斗。

《贵州青年》一问世，就得到《中国青年》主办人之一萧楚女的重视和支持。他在《中国青年》第 36 期“新刊批评”栏内，向全国广大青年介绍和推荐《贵州青年》，称赞它的政治主张，说它

“是贵州人为了要求贵州前途光明而办的”，并撰文对周逸群《贵州问题的先决问题》一文给予高度评价，称赞说：“这是一个何等周到的政治见解，何等远虑的革命态度！”

周逸群像是一位反帝反封建的坚强战士。随后，他又在《贵州青年》上发表了《贵州青年对贵州政治应有的主张》《三民主义与贵州》《军人的头脑》等，这些文章像利剑般刺向封建军阀，对西南的政局产生深刻的影响，对促使黔军中进步官兵起来倒袁北伐起了很大的作用。

《贵州青年》较好地迎合了全国革命形势的迅猛发展，成为当时唤醒贵州青年向着黑暗势力冲锋陷阵的革命号角。遗憾的是，在反动势力的压迫下，《贵州青年》只出版 12 期就被迫停刊了。

02 革命军人的本色

黄埔军校显身手

1924 年 8 月，周逸群从上海来到广州，见到正在黄埔军校第 1 期学习的李侠公，旧友重逢，畅叙情谊。当周逸群向李侠公了解黄埔军校的情况后，决定也报考这所学校来学习。

李侠公关心地说："军校军训很苦，生活也紧张，我担心你这身体吃不消啊！"周逸群决然地说："放心吧，世上无难事，只要有决心，往后还得准备和敌人拼刺刀哩！"于是，欣然写下一首七绝诗以表决心：

废书学剑走羊城，
只为黎元苦匪兵；
斩伐相争廿四史，
岂无白刃可亡秦！

同年10月，周逸群以优异的成绩考进黄埔军校第2期辎重队学习。进入军校后，他显得非常活跃，学习特别刻苦，积极参加各种活动，尤其是喜欢参加由共产党人组织的一些进步活动。不久，周逸群经黄埔军校特别党部负责人鲁易和吴明（陈公培）的介绍，加入了中国共产党。他在寄回家的一封中写道：

硝烟弥漫中华，有斑斑血泪，遍体痕伤。军阀横行，列强争乱，九州魔怪猖狂。今日宏愿酬，一生交给党，斗志昂扬。愿为工农革命，洒热血一腔。

一天，同学们集中在学校的大花厅听报告，周逸群因有事来迟了一步，不知报告人是谁。听了一会儿，就被讲演者演讲的内容深深吸引，并由衷地佩服，感觉这是入校以来听到的最精彩的报告。听完报告，同学们纷纷离开大花厅时，他还沉浸在演讲的精彩内容之中，好久才离开。

第二天，校政治部秘书蒋先云找到周逸群说："和我一起去城里办点事行吗？"周逸群爽快地答应了。他找到大队长请了假，就和蒋先云出了校门，一路谈笑风生。直到坐船过了江，周逸群才问道："先云，你带我到城里干什么？"

蒋先云风趣地说："嘿，你这慢性子也有着急的时候。"他拉了周逸群一把，悄声说："到两广区委会去，周恩来找我们有事。"

周逸群惊喜地说道："哎呀，我早听说过周恩来，就是没机会见到他。"

蒋先云有些惊奇地问道："昨天你没去听报告？昨天的报告的就是周恩来作的呀！"

他们来到两广区委会一间会议室里，陈延年、左权、陈赓等人正围着周恩来说话。见他俩进来，陈延年将周逸群介绍给周恩来，周逸群激动地握着周恩来的手说："您好，周主任！"

周恩来亲切地说："往后我们就在一个支部了，就叫我恩来同志吧。萧楚女同志对我谈到你在上海办《贵州青年》的情况，办得很好，办得很有水平。但我建议你们以后最好是少写长文章，多写短文。揭露封建军阀勾结帝国主义，也要联系实际，击中要害。"

1924年11月底，中共黄埔军校特别支部改选时，周逸群担任特别支部宣传干事。他在中共黄埔军校特别支部的领导下，积极从事党的宣传和青年军人运动的组织工作。在黄埔军校里，共产党员参加校务工作和学习军事的人数不多，为把军校广大进步学生的革命热情调动起来，通过启发和引导，紧紧地团结在党的周围，周逸群与蒋先云、李劳工等共产党员商定，秘密成立了"火星社"。它是效法列宁创办的《火星报》而定名的。

一开始，"火星社"就把政治理论学习作为一项重要任务，经常举办政治报告会，还邀请恽代英、萧楚女等同志讲演，组织讨论会，学习《三民主义》《帝国主义侵略中国史》《社会主义原理》等一些政治理论书籍。"火星社"还出版油印壁报

《士兵之友》，文章短小精干，很受全校师生欢迎，对于唤醒青年军人的阶级觉悟、粉碎商团反革命叛乱都起到积极的作用。

1925 年 1 月，黄埔军校特别支部进行第二届执行委员会选举，周逸群等“火星社”成员组织和发动群众开展竞选活动。由于“火星社”在群众中的威信很高，竞选结果是周逸群当选特别支部第二届执行委员，并被推选为常务委员，主持日常工作。而当时身居校长要职的蒋介石则仅得 60 票而落选（后在党代表廖仲恺推荐下才作为执委，任纠察委员），使他非常狼狈。对此，蒋介石及国民党右派深为不满，攻击“共产党借国民党名义扩张势力”。

周逸群来到黄埔军校较晚，因没能聆听到孙中山在开学典礼时的重要讲话而深感遗憾。于是，和李侠公等人联名给孙中山写信，殷切要求接见。几天后，孙中山在大元帅府召见周逸群等人。孙中山首先赞许他们投奔广州参加革命的行动，特别是对周逸群在日本留学后又来当“武学生”给予高度赞扬。接着，孙中山讲了创办黄埔军校、建立革命军的目的，批评了抵制国民党改组、反对“三大政策”的国民党右派。周逸群越听越兴奋，他平时沉默寡言，那天却胸有成竹地向孙中山提出许多问题。

当孙中山谈到要举兵北伐、消灭北洋政府时，周逸群问道：“中山先生决心北伐，可目前北洋军阀投靠了帝国主义列强，有这些列强做后盾，革命军能战胜吗？”

孙中山微笑地望着周逸群，反问道：“你说呢？”

周逸群根据学习马克思主义的心得和俄国十月革命的经验，回答说：“战胜北洋军阀及其靠山帝国主义，光靠革命军的力量是不够的，必须联合工农的力量，武装工农群众，这才是中国革命的主要力量，才是中国革命成功的根本出路。”

孙中山边仔细地听着，边不住地点头表示赞同。最后，孙中山对周逸群等人说：“你们青年娃娃，不要以为我是大元帅，你们的前途更加远大，中国的希望寄托在你们青年身上，在你们身上！”

为推动国共合作和实现国民革命，周逸群以

极大的精力研究和宣传孙中山的民主革命思想。他撰文说："我们应该明了孙中山先生创办黄埔军校的本旨，是想以黄埔学生为革命军人的种子，将来要把这些种子播到全国，使全中国的军队都革命化，然后，中国革命才有希望。"因此，军校以"本党最忠实的同志廖仲恺先生主持，同时采取苏俄红军的组织和训练的方法，军事与政治并重，所以黄埔军校的学生多是能明了他本身的地位，挺身做反帝国主义的前驱"。

创建"青军会"

黄埔军校特别支部第二届执行委员会选举产生后不久的一天，蒋介石破格邀请周逸群和蒋先云去他家做客。蒋介石时而以校长身份，表扬他们的工作和表现，时而又以师生之情，询问家庭状况、婚姻大事以及将来的抱负等，并表示愿意在经济上解囊相助，在事业上携手"合作"。蒋介石常以这种手法，在军校中笼络人心，拉帮结派，培植党羽。

蒋先云见蒋介石这样百般拉拢，便顺水推舟："眼前是要把同学团结在三民主义的旗帜下，我和周逸群同学研究认为，有必要在学生中建立'青年军人联合会'，想得到校长的准许和支持。"

蒋介石想了一下，抹了抹嘴巴："好倒是好，就怕……"

周逸群见他疑惑不定，连忙补充说道："我们多请示校长就是，多听校长的吩咐，不会使校长为难。"

蒋介石笑了笑："好，好！告诉郭教务长和王主任，就说是我的命令，同意成立'青年军人联合会'。"

1925年2月1日，在周恩来和军校党代表廖仲恺的支持下，成立了以黄埔军校共产党员和共青团员为骨干的"中国青年军人联合会"（简称"青军会"）。周恩来指定周逸群为主要负责人，以第一期学生蒋先云、李之龙、徐向前、左权、陈赓、李汉藩等同志协助工作。这个组织一成立，就

把“联合军队中的革命分子”“建立军队与民众间的亲密关系”“拥护革命政府，实行三民主义”“把中国从帝国主义和军阀双重压迫之下解放出来”作为目标，积极开展军内外的宣传工作和组织工作。

在军队内部，“青军会”是党对青年军人进行革命思想教育的组织形式，是周恩来领导的黄埔军校政治部联系青年军人的桥梁，它把传播革命思想作为一项重要任务。

周逸群领导“青军会”，先后创办《中国军人》《青年军人》《中国青年军人联合会周刊》等刊物，深刻揭露帝国主义侵略和军阀混战给人民带来的深重灾难，宣传革命理论和政策，激发革命军人迅速觉悟，深受广大革命军人的欢迎。

“青军会”成立后，立即投入到反帝、反军阀和巩固广东革命根据地的斗争中。在第一次东征的战斗中，周逸群组织会员成立政治宣传队，印发《青年军人联合会东征宣言》等宣传品，提出“为拯救东江人民而战”的口号，鼓舞士兵同仇敌忾，杀敌立功。在平定杨（希闵）、刘（震寰）叛乱的战斗中，周逸群散发《兵友必读》小册子，号召滇桂军的士兵“不为杨、刘利用，以免危害革命政府”。在战斗进入最关键时刻，“青军会”动员滇桂军的“青军会”会员脱离滇桂军。动员的当日，脱离者就达 100 多人。周逸群后来在总结工作时指出，由于“滇桂军受青年军人联合会之宣传，其内部士兵已无斗志”。所以，革命军能在一星期内将叛军“完全歼灭之”。

第二次东征是完成广东革命根据地统一的重大军事行动。针对革命军东征时黄埔学生军的思想反映，周逸群在撰写的《说牺牲》中，阐述第二次东征的重大意义和正确理解牺牲的革命英雄主义，号召“我们革命，是为要解放我们被压迫的民族，实现我们的主义，不是拿我们的头颅去换什么‘烈士’的头衔的”。所以，“我们只要看他是否恪守党的纪律，能否尽忠他的职务，便可以知道有无牺牲的精神”。《说牺牲》成为第二次东征的强大精神武器。

经过一年军校的学习和锻炼，周逸群显示出了超强的组织能力和宣传能力。毕业后，根据党组织和周恩来的安排，留校任“青军会”主席，专职从事革命青年军人运动。

孙中山逝世后，西山会议派企图以广东大学为阵地，进行反共活动。周逸群闻讯十分气愤，他在《中国军人》上以《呜呼，广东大学！》为题撰文，揭露西山会议派的阴谋，批判他们反共反人民的实质，同时指出，如果他们愿意“重新改造”，将给他们一个“自新”的机会。

五卅运动爆发后，周逸群在《外祸与内忧》一文中尖锐地指出，五卅惨案，使人们认清中国民族革命中两个对立的战团，即帝国主义者及其走狗与被压迫民族和被压迫阶级以及有觉悟的知识分子。而劳动者的不妥协精神，实远在各阶级之上，最有组织、最富于革命性的工农群众是民主革命之主干。

针对国民党右派散布的“打倒帝国主义是共产党的主张”，周逸群写道：“帝国主义是五卅运动中直接屠杀中国革命群众的刽子手，而中国的大大小小军阀都是帝国主义豢养的‘鹰犬’‘打手’，没有帝国主义支持，军阀决不能生存，只有打倒帝国主义，才能达到民族独立自由平等的目的。”“国民党是一个革命党，革命党就是生来与帝国主义作对的，如果否定这点还算什么革命党员呢？高唱所谓共产与反共产的斗争，只不过做了帝国主义的走狗罢了。”

1925 年 11 月，中国共产党发动全国性的反奉（奉系军阀张作霖）倒段（北洋军阀段祺瑞）运动。周逸群代表“青军会”与中华全国总工会、广东省和广州市工农商学各革命团体，联合组织领导广东反段大示威。12 月 12 日，10 万名示威群众在广州市分成“工农商界”“军政界”“学界”3 部分召开大会，周逸群担任军政界大会主席。大会通过《对北方倒段运动议决案》《拥护罢工工人与香港交涉议决案》和《对林森邹鲁议决案》等 6 项决议。

在周逸群的领导下，“青军会”到 1925 年 9 月会员就发展到 2 万多人，成为“中国青年军人活动的中心”。当时，在广东的湘军（第 2 军）、滇军（第 3 军）、粤军（第 4、第 5 军）和第 6 军都建立了“青军会”组织。这一组织成为全国革命青年军人中影响最大的革命团体。周逸群在纪念孙中山逝世一周年的文章中写道："中国青年军人运动，在总理逝世后一年来的成绩，最重要的是能使军人打破地方主义而从事全国军人的联合，进而谋工农兵的大联合。"他期望"青军会"的革命军人做一颗革命的"种子"，把这些种子"播到全中国"，使全中国建立更多的革命军队，只有这样，"中国革命才有希望"。

当时，编辑《中国青年》的张秋人在《广州的青年革命军》一文中，热情赞扬他们的工作，称誉他们"开中国军人的新纪元"，"要把他们的主义精神和纪律，传到中国各军队中去，要使中国各军队，都变为革命军，共同肩负起反帝反军阀的任务"。恽代英为这篇文章写了长篇按语，文中对"青军会"寄予了深切的期望：希望全国热心于军事运动的青年以他们为榜样，把党与主义公开地或是秘密地输入军队中间去，全国的军队都可以变成像广州一样的革命军。

"青军会"在黄埔军校和国民革命军中的迅猛发展以及深远影响，引起了国民党右翼势力的恐惧与仇恨。蒋介石为排斥和打击共产党员与进步力量，指使他在黄埔军校的亲信王柏龄（黄埔军校教授部主任）和缪斌等人，组织了一个所谓的“孙文主义学会”，以宣传孙中山学说为幌子，宣扬戴季陶的《孙文主义的哲学基础》，与“青军会”相对抗。蒋介石甚至唆使“孙文主义学会”头目林振雄制造事端，开枪射击“青军会”负责人李汉藩，引起全校广大师生极大愤慨。周逸群发动“青军会”会员强烈呼吁，严惩凶手。在黄埔军校党代表、国民党左派领袖廖仲恺支持下，林振雄立即被停职查办。

但是，蒋介石的“第一只手”王柏龄并没有停止向共产党进攻。周恩来十分气愤，命令“青军会”坚决打断蒋介石的“第一只手”。周逸群通过《中国军人》等刊物，揭露他们打着孙文主义的招牌，进行叛变革命活动的伎俩；痛斥他们对共产党员和革命群众的恶意中伤。周逸群不顾“孙文主义学会”分子的威胁、恐吓、暗杀，坚定领导“青军会”进行针锋相对的斗争。

1926 年 3 月，由蒋介石一手策划的“中山舰事件”发生后，他又借口“青军会”与“孙文主义学会”的斗争违背“亲爱精诚”的校训，勒令解散这两个组织。周逸群等根据党的指示，为顾全大局，于4月10日发表了“青军会”自行解散的宣言，义正词严地肯定了“青军会”在团结革命军人、宣传三大政策及讨伐陈炯明、平定杨刘叛乱、联合工农开展反帝反军阀斗争、巩固广东革命根据地的斗争中所起的重要作用。

“青军会”较好地完成了党赋予的历史使命。按照党组织的安排，周逸群到国民革命军政治训练部，任宣传科中校科长。

贺龙军中的党代表

为讨伐北洋政府的反动统治，结束军阀割据的局面，实现国家统一之目的，广东革命政府于1926年7月成立国民革命军准备北伐。7月9日，国民革命军派出8个军，分4路向湖北、江西、福建、浙江和安徽出师北伐，兵锋直指北洋军阀吴佩孚、孙传芳。

8月，北伐军攻克长沙后，周逸群受中共中央委派，带领由30多名共产党员组成的北伐军左翼宣传队，来到驻扎在湖南常德的国民革命军第9军第1师开展宣传工作。

时任第9军第1师师长的贺龙，听说周逸群来到常德，非常高兴。因为他对周逸群早有敬仰之情。周逸群在广州时，经常把党中央主办的《向导》、团中央主办的《中国青年》、黄埔军校的《中国军人》《中国青年军人联合会简报》等寄给贵州铜仁等地亲友，宣传马克思主义和革命道理。当时，贺龙的部队驻扎在铜仁，司令部就设在周逸群二伯家。贺龙读到这些洋溢着革命热情的刊物后，受到很大启发，尤其对周恩来、周逸群等共产党人十分敬佩。正当贺龙向往革命，渴望直接听到共产党主张的关键时刻，周逸群来到第1师，让他喜出望外。一见面，贺龙急切地说："我想党、盼党，你来得多好啊！"然后又歉意地说道："很对不起，我的部队在贵州铜仁吃了不少你家的粮食。"周逸群笑着说："不要紧，只怕革命军吃少了，吃得越多越好！"

针对贺龙渴求真理的急切心情，周逸群谈了自己的许多见解。他讲世界的局势、中国的现状、北伐的任务，还谈到国际共产主义运动、俄国十月革命和中国共产党的主张，这些使贺龙开阔了眼界，增强了对马克思主义和中国共产党的初步认识，革命的方向更加明确。贺龙第一次向周逸群提出加入中国共产党的要求。

过了几天，贺龙又到周逸群的房里来闲谈，他俩天南地北地扯到半夜。最后，周逸群问："贺师长，你要求入党为的什么？"

贺龙不假思索地说："你不要考我，这个我早就想好了咧！中国共产党是工农大众的团体，加入党，就是为了革富人的命，让穷人有好日子过！哎呀，老周，对不对呀？"

周逸群觉得贺龙像一块璞玉，外表淳朴，内心晶莹透亮，农民出身的他，充分体现着农民本色，单纯直率。周逸群顺手从床头拿过一本《共产主义 ABC》小册子，递给贺龙，笑着说："对是对，但光这些还不行！你是不是先看看这本书，我们再讨论？"

贺龙接过书，笑了笑说：“你不要对我客套！我肯定答错了哩！”他边说边站起来，在抽屉里又拿出几本书：“好吧，别的不说了，我拜你为师，从明天晚上开始，不摆龙门阵了，你来教我啃这些书吧！”

周逸群说：“你满脑子都是打仗，肯下这个决心？”

贺龙叹口气说：“现在要下狠心啦！我从小不愿念书，只会瞎背赵钱孙李，狗吃生米；周吴郑王，狗吃麻糖，所以字也认得不多。这几天，我懂得不少道理，知道要革命，当个共产党员，不学习可不行啦！可是一拿起书来，有很多生字我都不认识；有些字勉强认得，又不知道怎么解释，读马列主义很吃力啊！”

周逸群站起来说：“一言为定，从明晚开始，我们一起学习！”随后抓住贺龙的手，使劲地握着：“请你相信，共产党的大门是敞开着的，只要条件具备了，我一定会介绍你加入中国共产党。”

贺龙再三要求周逸群留在他的第1师工作，帮助他改造部队。周逸群请示党组织，得到批准后，接受了贺龙的要求，和宣传队全体人员留在贺龙的部队工作，任第 1 师政治部主任。

周逸群根据党的指示和贺龙的要求，着手改造部队。首先，他在湖南澧州开办政治讲习所，先后培训干部和战斗骨干 2000 多人次。他还兼任中共常德委员会的政工支部书记，一面通过常德地方党组织推荐党团员和进步青年参加学习；一面在部队中选拔连以上干部进行培训，充实第 1 师的政治工作力量。接着，在军内建立政治工作机构，选配政治工作人员，成立士兵委员会，发展党员、团员，扩大党的政治影响。与此同时，他还深入部队和人民群众作形势报告，宣传北伐的任务及政治主张，鼓舞官兵奋勇杀敌，动员工农群众支援和参加北伐战争。他那富于革命鼓动性的讲话，给人留下不可磨灭的印象。在常澧地区群众支持下，很短的时间内，第 1 师就完成招收新兵 3000 人的任务。

周逸群和他率领的政工干部，给第 1 师带来了新气象。贺龙形象地比喻说："他们就像一滴滴红水落到缸里，逐渐扩散开后，改变了整个部队的颜色。"许多优秀的青年官兵纷纷要求参加共产党，立志要为中国人民的解放事业奋斗一生。

铜仁芭蕉冲有一支农民武装，头领叫罗树奎，队伍被收编后，罗树奎在贺龙部下任营长。他不仅作战勇敢，屡建功劳，政治上也积极要求进步。经周逸群介绍，罗树奎光荣地加入了中国共产党。在湖北公安县黄金口的一次战斗中，他带领敢死队杀入敌人阵地，为革命献出自己的生命，忠实地履行了他入党前的庄严誓言。

1926 年 12 月，贺龙、周逸群率部从湘西出发，一路势如破竹，连克湖北公安、沙市、宜昌等地，第 1 师威名大震，成为北伐军中的一支劲旅。

第 1 师首占宜昌后，有人密告蒋介石，说贺龙部缴获太多。于是，蒋介石致电国民革命军总政治部主任邓演达，要求密查第 9 军、第 10 军进入宜昌后的情况。

此时，国民党右派不断制造反共事端，使国民党两派之间的矛盾逐渐激化，国民党右翼势力难以容忍贺龙这支具有战斗力的左派武装进驻鄂西，企图借机解散之。经过国民党中央委员吴玉章（共产党员）的斡旋，武汉国民政府同意将贺龙部调往鄂城去拱卫武汉。

部队到达鄂城后，武汉国民政府借对北伐军进行整编之机，将第 1 师改编为国民革命军独立第 15 师，周逸群仍任师政治部主任。

1927 年 4 月 12 日，蒋介石在上海发动了反革命政变，许多共产党人和革命群众遭到屠杀。6 天后，他又在南京另立国民政府，同保持国共合作的武汉政府相对抗。随着革命形势急转直下，贺龙对周逸群说："所有派到我这里工作的共产党员，都不要离开，还是继续做政治工作，相信我们这个部队是谁也打不垮的。"

由于北京尚有张作霖控制的奉系军阀政府存在，中国一时形成 3 个政权相对峙的局面。掌握武汉国民党中央和国民政府领导权的汪精卫召开紧急会议，决定开除蒋介石党籍，免除其本兼各职。同时，为解除北方军阀对武汉国民政府的军事包围和经济封锁的双重压力，武汉国民政府决定进行第二次北伐，出师河南。贺龙独立第 15 师被编入第 1 纵队，由张发奎司令官指挥。

1927 年 5 月，独立第 15 师从武汉出发，沿京汉铁路北上。由于部队纪律严明，沿途秋毫无犯，深受群众的欢迎和拥护，因此，屡战屡胜，很快攻占武胜关并进至河南境内。这时，遇到红枪会的阻挠。于是，以师长贺龙、政治部主任周逸群的名义，发布"国民革命军独立第十五师布告"，对红枪会实行分化瓦解、区别对待的政策，打击其反动头目，团结争取群众，为继续北伐扫清障碍。接着，第 15 师又在逍遥镇一举击败奉军，打得敌人闻风丧胆，纷纷逃窜。

北伐军在河南境内长驱直入，直逼重镇开封。然而，不甘心失败的奉军在漯河临颍集中六七万人马，还配备了坦克和大炮，决心依托精良的装备与北伐军决一死战。第 15 师以血肉之躯与之相拼搏。这一仗打得极其艰苦，北伐军英勇顽强，使奉军伤亡过万，上千人被俘，贺龙的第 15 师也付出了惨重的代价。

攻克临颍后，北伐军乘胜追击，于 6 月 4 日占领河南省省城开封，实现了战前武汉国民政府提出的直捣开封城的目的。至此，黄河南岸的敌军基本被肃清，北伐军取得了辉煌的胜利。

此次北伐，北伐军一路攻必克、战必胜。舆论界赞誉贺龙独立师为“战绩最大，声誉最高”的“钢军”。

1927年6月17日，二次北伐刚一结束，武汉国民革命军即进行编制调整，当时在武汉的党中央又及时给贺龙独立第15师补充了大量的人力和物力，使得这支由共产党掌握的部队扩编为国民革命军第20军，贺龙任军长，周逸群任政治部主任。部队从开封回武汉后驻防鄂城一带。

一天，正在忙碌的周逸群见到从老家铜仁匆匆赶来部队的岳父伍文彪，这才得知妻子和孩子先后去世的噩耗，他瞬时悲痛万分。周逸群抑制住内心的巨大悲痛，对岳父说：“我现在重任在身，不能返家，全靠您老人家照料了。”他接着告诉岳父：“我的意见仍然是，把所有的田产都分给当地贫苦农民，房产全部赠给当地的教育会办学。”

贺龙知道这件事后，曾几次安慰周逸群，希望他另找一个革命伴侣，周逸群总是说：“革命不成功，我不谈这个问题！”直到周逸群最后牺牲，还是只身一人。

南昌起义建功勋

1927 年 7 月初，贺龙、周逸群率第 20 军奉命返回武汉后，此时的革命形势更趋复杂。汪精卫想以武汉政府的武装同蒋介石争夺领导权，打出了“东征讨蒋”的旗号，决定以唐生智为总司令，派何键从长江左岸，程潜、张发奎从长江右岸向南京进兵。命令贺龙的第 20 军、叶挺的第 11 军 24 师为先锋，东征讨伐蒋介石。

接受任务后，贺龙、周逸群与叶挺一起，各率本部人马，连夜从武汉上船，顺着滔滔江水，浩浩荡荡，直奔南京。

当部队到达九江之后，突然接到汪精卫的命令，要求贺、叶两部原地待命。原来，汪精卫集团秘密召开了“分共”会议，与上海的蒋介石合流了，国共两党关系彻底破裂。

汪精卫在武汉宣布“分共”的当晚，周逸群

主动找到贺龙，愤怒地说道：“文常，汪精卫宣布了‘分共’，现正在武汉、南昌等地抓捕共产党员和工友们！”

贺龙听后，用坚定的目光望着周逸群：“逸群，需要我做什么？”

“现在武汉、南昌的反动政府正到处疯狂抓捕工人纠察队和共产党员，为了不使我们党受到更大的损失，我们有一大批党员和积极分子要安排在咱们部队里来进行保护。”

贺龙毫不犹豫地说：“请转告党中央，我贺龙就是掉脑袋，也要救这些‘红脑壳壳’。”他想了想又说，“这样吧，我在九江大摆宴席，庆祝我荣升 20 军军长，你们那些党员、团员、积极分子，都来做我的客人。”

在贺龙、周逸群的掩护下，武汉和两湖各地被解散的工人纠察队、农民自卫军以及在“清党”中被“礼送”的共产党员、共青团员，都被巧妙地安排到第 20 军中实施了较好的保护。

7 月 23 日，中共中央改组后组成的临时中央，派谭平山来到九江第 20 军司令部，他把中国共产党准备组织武装暴动的打算告诉贺龙。贺龙立即说道：“早该动手了！共产党怎么说，我就怎么干。”

7 月 26 日，按照党中央的安排，第 20 军乘火车经南浔铁路向南昌集结。同时，周恩来在陈赓陪同下与李立三等秘密到达南昌。

部队刚到南昌，周逸群就对贺龙说：“党中央一个负责人，今晚要见你！”贺龙惊喜地问道：“是哪一位？”周逸群笑笑说：“见面就知道了。”

傍晚，周逸群陪着客人来到第 20 军军部。让贺龙万万没想到的是，来人竟是他向来敬重的周恩来。周逸群告诉贺龙：“恩来同志是经党中央决定，前来担任中共前敌委员会书记，负责组织和领导武装暴动。”

周恩来走到贺龙跟前，紧紧握着贺龙的手：“我们虽然没见过面，印象可是深的，我常听逸群说起你。”贺龙激动地回答说：“我是粗人，不懂理论，瞎闹乱闯，多亏您把逸群派到我们部队，才使我找到一条新的革命道路。我早就下决心，只要能参加共产党，让中国的穷人有吃有穿，不受苦受难，就是粉身碎骨，我也决不皱一下眉头！”

周恩来说道："逸群早把你要求入党的愿望写信告诉了我。在今天，我们的党正处在困难的时候，你又当面向我提出入党要求，我相信党一定会接收你的！"

周恩来对当前的政治、军事形势作了深入地分析并强调，我们必须从血的教训中清醒过来，党要指挥军队，独立组织战争，挽救革命，用武装反抗国民党的屠杀政策。贺龙当即向周恩来表示："我完全听从党的指挥，党说怎么办，我就怎么办。无论南昌暴动成功还是失败，我都干，失败了，我就上山！"

第二天，周恩来主持前敌委员会会议，讨论起义部署。周逸群列席了这次前委重要会议。周恩来在会上传达党中央决定在南昌举行武装起义的指示，组成了以周恩来、李立三、恽代英、彭湃等为委员，周恩来为书记的党的前敌委员会。同时决定由贺龙、叶挺、谭平山、周恩来组织国民党内的特别委员会，任命贺龙为起义军总指挥。

周逸群根据前委扩大会议的部署，同前委派来的刘伯承一起帮助贺龙制定起义行动计划和战斗部署。7月29日上午，第20军召开师团干部会议，贺龙在会上作了起义的战斗动员，周逸群宣布了中国共产党前敌委员会任命贺龙为起义军总指挥的决定。到会的全体干部都表示坚决拥护这个决定。

起义前的一切准备正紧张地进行。7月31日凌晨，贺龙、叶挺接到张发奎发来的电报，称张发奎将于8月1日到南昌。这一突发情况，给贺龙、叶挺以及前委以极大的压力。就在这节骨眼上，张国焘急急忙忙赶到南昌。前委召开紧急扩大会议，周逸群和贺龙参加会议。会上，周逸群坚决支持前委关于武装起义的决定。在前委紧急会议上，周逸群同张国焘的右倾投降主义进行了针锋相对的斗争。周恩来再次强调武装起义的紧迫性，力排张国焘干扰，决定8月1日凌晨4点举行起义，由叶挺起草命令，以贺龙名义发表。

当夜，由于第20军第1团一个姓赵的副营长向敌方告了密，前委不得不临时改变计划，将起义时间提前2个小时。

8月1日凌晨2点，在以周恩来为首的前敌

委员会领导下，贺龙率领的第20军、叶挺率领的第11军和朱德率领的第3军军官教育团共2万余人，发起了震惊中外的南昌起义。

战斗最激烈的地方是敌人的总指挥部。敌总指挥部是由朱培德从云南带来的精锐部队——警卫团驻守，与第20军指挥部只一街之隔，街西有高达10多米的鼓楼，要接近敌人，必须先通过鼓楼下的门洞。敌人因事先得到叛徒告密，已有准备。当起义军发起进攻时，敌人利用有利地形，凭借20多挺机枪，以密集火力封锁门洞，使起义军进攻受挫。在此紧要关头，贺龙命令第1师师长贺锦斋带领他的基本连，奋不顾身地迎着敌人的弹雨，爬上楼房的屋顶，架起云梯登上鼓楼，占领制高点，然后居高临下，用猛烈的炮火把敌人压制到指挥部内。

由周逸群指挥的教导团和第6团进攻目标是与他们仅一墙之隔的敌第9军第79团、第80团。战斗打响前，起义军神不知鬼不觉地迂回到敌后，包围了敌人。起义信号一响，部队有的由正门冲入，有的翻墙跃进敌人院内，顿时杀声一片。正在

酣睡的敌第79团官兵，大部分连衣服还未穿好就当了俘虏；敌第80团大部亦被起义军歼灭。

经过3小时的激烈战斗，8月1日黎明时分，起义军占领了南昌城，一面面鲜艳的红旗在南昌城头高高地飘扬。它向全中国和全世界庄严宣布：中国革命在中国共产党的领导下，跨入了一个新的历史时期。

南昌起义胜利后，蒋介石、汪精卫急忙调集重兵“合力堵截”南昌起义军。前委决定起义部队撤离南昌，南下广东。周逸群积极向周恩来、贺龙、刘伯承等提出关于南下进军路线的意见和建议。

8月3日至5日，起义军先后撤离南昌，分两路进军。第11军为右路纵队，第20军为左路纵队，开始南征。途中，周逸群被任命为第20军第3师师长，统辖第6团和教导团。第20军经临川、广昌至壬田市，粉碎了敌人的阻截，于8月19日占领瑞金县。就在这一天，在瑞金县城的一所小学校里，周恩来为贺龙主持了入党宣誓仪式，周逸群、谭平山作贺龙的入党介绍人。

贺龙入党后，对党更加忠诚、立场更加坚定，把自己的一切毫无保留地献给了党和人民的革命事业。正如他所说：“我指挥的军队是党的了，我的脑袋也是党的了，党就是我的生命！”

起义部队进入会昌时，遭到国民党广州暂编第1师钱大钧部的堵击和围攻，周逸群率领第3师教导团、第6团与叶挺指挥的第11军第24、第25师紧密配合，取得了歼敌的重大胜利。接着，起义军又绕道闽西，顺韩江而下，攻占广东的潮安、汕头，周逸群奉命带兵扼守潮安，并兼任潮汕卫戍司令。

部队进驻潮汕不久，又遭国民党强敌围攻。战斗连连失利，部队受损、失散严重。周逸群根据党的指示离开潮汕，决定乘轮船去上海。当他携一张烂席子摸到轮船货舱准备休息时，巧遇在会昌战斗中负重伤、此时也在货舱里隐蔽的陈赓。两人相见，悲喜交加，于是，结伴一起去上海找党组织。

03 战斗在湘鄂西

荆江两岸播火种

1927 年 10 月 5 日，周逸群抵达上海后，向党中央递交了一份报告，详细叙述了南昌起义的经过及经验教训，后被安排在中央特科工作。从黄埔军校到南昌起义，周逸群曾两次在周恩来身边工作，这次到中央特科工作，是第三次到周恩来身边了。

不久，周逸群又遇到取道香港来到上海的贺龙。生死与共的战友再次重逢，分外兴奋，互相倾诉革命情谊，交换下一步行动的想法。贺龙说："中央让我和伯承、林老（林伯渠）一起去苏联学习，我想我搞了半辈子枪杆子了，还是去湘鄂西发动暴动，组织队伍，接着和蒋介石干吧！我已跟恩来同志说过了，请你再向中央反映一下我的意见。”

周逸群当即向刚担任临时中央政治局常委的周恩来反映了贺龙的要求。党中央经过反复研究，同意贺龙的要求，决定组成以郭亮为书记，周逸群、贺龙、柳克明（柳直荀）、徐特立为委员的湘西北特委，领导开展湘鄂边区的斗争。周逸群虽不舍得离开中央特科的工作，但党的教育使他懂得，现在应当以主要精力注意军事运动，用枪杆子夺取革命胜利，建立革命政权。

1928 年 1 月 15 日，周逸群、贺龙、卢冬生等 7 人肩负党的重托，带着一本《共产党宣言》和 2 支手枪离开上海，在汉口谢弄北里 17 号同湖北省委书记郭亮接上了关系。

这时，正值湖北省委组织武汉三镇暴动，省委要求他们一起参加。周逸群、贺龙同省委商定，趁腊月廿三晚上“祭灶”放鞭炮的时机举行年关暴动。不料，共产党的一个地下印刷厂被敌人破坏，暴动计划和宣传品皆落入敌人手里，武汉暴动流产。

在敌人大肆搜捕的危急情况下，湖北省委让周逸群、贺龙等立即撤离武汉。由于徐特立、柳克明（柳直荀）尚未离沪，郭亮主持省委工作不能前往湘鄂边，决定由周逸群、贺龙等先行组成中共湘西北特委，周逸群任书记，前往荆江两岸地区领导年关暴动。

1 月 18 日晚，周逸群与贺龙按党中央“发动群众，造成暴动割据的局面”的要求，率领 10 余人包了一只小火轮，化装成商人，混过敌人的搜查，由武汉启程，向湘鄂边地区进发。

1 月 20 日，小火轮行驶到长江和洪湖汇合点的新堤码头时，周逸群与贺龙一行发现这里和汉口一样，到处是岗哨，盘查森严。他们打听到这里驻扎着一个 10 多个人的巡江团防队，有十几条枪，于是决定以“拜客”的名义端掉这个巡江团防队。

火轮船靠岸后，化名“易先生”的周逸群和化名“王先生”的贺龙大摇大摆地向巡江团防队走去。团防队队长张贵福以为是国民党的大官前来巡视防务，连忙吹起紧急集合哨，将团防队集合起来列队欢迎。

贺龙走上前去，突然抓住团防队长张贵福的手，然后将自己的墨镜取下来，威严地说:“我是贺龙，今特来找你‘借枪’!”张贵福一听顿时吓得面如土色，两腿发抖。这时，有一个团丁端枪试图反抗，被站在贺龙身边的卢冬生一枪撂倒，周逸群等人一拥而上，将 6 支汉阳造步枪和 4 支驳壳枪夺下。团防队长跪在地上，哭丧着脸哀求贺龙说:“贺……老总，您把枪拿走了，我怎么向上司交代呢?”贺龙风趣地说:“这好办，我给你打一张借条，就说是我贺龙借的。”

1 月 21 日，周逸群、贺龙带着战利品换上民船，继续逆水而行，下午到达监利县反嘴村时，只见长江北岸有几间草房，那里站了许多人向他们招手、呼喊。等船靠岸一看，原来是先期到达洪湖地区开展武装斗争的贺锦斋和他的队伍。贺锦斋在南昌起义时任第 20 军第 1 师师长，在潮汕失败后，到上海找到地下党组织，受党中央委派来到洪湖，组织了一支 100 余人的队伍。

见到是贺龙、周逸群等人，贺锦斋十分高兴，他向贺龙、周逸群详细介绍了洪湖地区、荆江两岸

的情况。贺龙察看后对周逸群说：“这一带像水泊梁山，将来我们要是在这里安营扎寨，即使你蒋介石 20 万大军，也奈何我们不得呀！”

根据党的八七会议精神，荆江两岸在湖北省委和鄂中、鄂西特委领导下，逐步发起了有组织的武装斗争。自从中共鄂中特委和沔阳县委组织少数秘密武装和农民，在鄂中南部戴家场捕杀了罪大恶极的土豪涂老五之后，党的秘密武装迅速扩大，游击队很快发展到 200 余人，枪 80 余支，成为鄂中特委领导的主要武装力量。但由于各地暴动规模较小，不足以压制当地土豪劣绅的反革命气焰，他们反而变本加厉地欺压群众。

周逸群通过访贫问苦，了解到反嘴村有 4 家土豪深为群众所痛恨。1928 年 1 月 23 日正月初一，周逸群、贺龙、贺锦斋决定借“拜年”之名，镇压这些土豪，然后把他们的财产分给穷苦农民，并贴出了“打土豪、分田地”的标语。这一下子震动了洪湖地区，广大群众高兴地说：“共产党又回来领导我们闹革命了！”

周逸群、贺龙打土豪的消息一传十、十传百

地传开了，监利及附近中共县委的特别关注。不几天，监利、石首、沔阳、华容等县委领导来到这里召开联席会议，决定趁新年之机，动员各地群众举行年关暴动。同时决定将鄂中特委领导的萧仁鹄部、石首中心县委领导的吴先洲部，与贺锦斋部合并，成立第 49 路工农革命军，下辖 2 个大队。第 1 大队的主要成分是贺锦斋领导的原游击队，加上彭国材领导的渔民武装，大队长吴先洲；第 2 大队以萧仁鹄和吴先洲领导的农民武装为主，大队长萧仁鹄。共 500 余人、300 多支枪。部队统一由湘西北特委指挥，周逸群任前委书记，贺龙任部队总指挥，贺锦斋任军长。至此，荆江两岸的武装斗争就轰轰烈烈地开展起来了。

1928 年 2 月 7 日，第 1 大队从下车湾出发，向石首北前进。8 日，拿下了小河口，随即渡过长江，胜利占领调关镇和高基庙。第 2 大队消灭了洪湖西南地区张烟灰和文大哥这两股最大土匪后，9 日，攻克汴河；10 日，一举攻克朱河镇。

第 49 路军声威大震，那些被土豪劣绅逼得走投无路的农民和渔民都来投奔，队伍很快发展到

1200 多人，又增编了第 3 大队，由史庶元任大队长。另外，还编了 1 个指挥部特务队，1 个干部宣传队。

一天，监利县委书记刘仁静带来一个好消息：说监利县城只有 1 个团防守卫，100 多人枪，许多土豪劣绅正在搭船向武汉、沙市逃跑。

石首县委书记李兆龙说："监利县城是南北水路交通枢纽，历来是兵家必争之地，只有打下监利城，才能使民心振奋，有利于促使监、石两个县革命高潮早日到来。"

第 2 大队长萧仁鹄粗犷地笑着说："瞧，打不了武汉，打监利、沔阳城是瓮中捉鳖——十拿九稳！"一番话说得大家兴高采烈。贺龙拍了拍周逸群的肩头说："老周，这么好的机会，应该甩开膀子打，不要五心不定！"周逸群也点着头说："好，好，把第 1 大队调回来，一起打！"

监利县城坐落在长江北岸，一面临江，三面平坦开阔，城垣坚固，且有护城河，是一座易守难攻的城池。工农革命军打着红旗，吹着军号，将监利县城包围了起来。谁知国民党第 35 军门炳岳部的 2 个团偷偷驻防城内，早已有准备。工农革命军从清晨攻到中午，怎么也通不过几十米宽的护城河。第 1 大队副队长滕树云红了眼，猛地甩掉棉袄，满把抓起 4 颗手榴弹，朝左右大喝一声：“有种的跟我上！”

周逸群见到这情形，对滕树云发了火：“你当什么队长？只晓得拼命！”

滕树云正在劲头上，哪里肯听，脖子一扭：“打仗就是拼命！莫说监利城是砖砌的，就是用钢铁打的，我也要把它炸开！”说完，带队冲了上去。刚逼近护城河，城上几挺机枪一齐“咕咕咕”地怒吼着，冲上去的队员倒下一片，滕树云头上和脚上连中两弹，栽倒在河里。

这时，停靠在长江上的敌军舰也向攻城的部队开炮轰击，工农革命军腹背受敌，伤亡惨重。原来侦察情报有误，敌兵一下子多了好几倍。贺龙见状，当机立断，命令部队撤出战斗至华容砖桥休整。

在湘鄂边建军

1928 年 2 月中下旬，周逸群、贺龙等人在石首焦山河召开湘西北特委会议，会议根据党中央原定意图，作出了前往湘鄂边地区“依山建军，再向平原发展”的方针，决定由周逸群、贺龙、贺锦斋、卢冬生、李良耀等 10 余人前往湘西开辟新的根据地，将现有武装留在鄂中、鄂西地区，继续开展游击活动，恢复地方组织，伺机消灭敌人，并相约半年后在公安会师。

2 月 20 日，周逸群一行从石首焦山河出发，过江穿湖，翻山越岭，经澧县、石门、慈利，于 2 月 28 日到达湘鄂边界桑植县洪家关。

洪家关是贺龙的故乡，是贺龙早年生活和斗争过的地方。早在大革命时期，党就在这里播下了革命的火种。大革命失败后，这里白色恐怖严重，“从早到晚乱抓人，一杀二绑三关闭，地上鲜血流成渠，狱中冤囚挤破壁”。人们迫切盼望跳出这痛苦的深渊。周逸群和贺龙的到来，给群众增添了斗争的勇气和力量。正如贺锦斋当年留下来的一首诗中所记述的：“大地乌云遮太阳，一朝消散又重光，忽闻各处人喧闹，胡子果然回故乡。”

在洪家关桥头，当贺龙、周逸群、贺锦斋等出现时，迎候多时的人群中，闪出一位朴实而大方的中年妇女，笑容满面地迎上前去，向他们问寒问暖，十分亲热，她就是贺龙的大姐贺英。贺龙将周逸群介绍给贺英。贺英知道他就是党派来的特委书记，激动万分地说：“我心里多么想共产党啊！现在总算把共产党盼来了。我把这支队伍交给你们，就算我第一次献给党的一点礼物吧！”

周逸群紧紧握着贺英的手，感激地说：“好极了，党现在正需要这样珍贵的礼物。贺大姐，我代表党组织向您致谢！”

面对大革命失败后的湘西形势，湘西北特委决定采取各种形式，广泛进行宣传、发动群众工作。周逸群深入调查当地民情，与贺龙认真分析桑植县 8 个乡地方实力派的现状，磋商行动方针和工作部署，取得了一致意见，认为贺龙的亲族和旧部属的武装很多，通过工作可以争取一部分。

周逸群提议，他和李良耀负责宣传群众、组织群众，贺龙和贺锦斋找旧部做工作，要求他们停止火拼，跟共产党干革命。

贺龙点头同意："山区交通不便，消息阻塞，应该大力宣传，让群众知道我们这次回来是干什么的。"同时，由贺锦斋写出布告，又派出代表各方联络。通过艰苦细致的工作，以前在贺龙部队当过营长的王炳南、李云卿等带着队伍参加了革命。特委还号召广泛发动群众，动员当地贫苦农民参加红军。

在宣传发动群众工作中，周逸群身体力行，深入洪家关附近，向农民宣传革命道理。有一次，他来到一个村子，乡亲们正忙于春耕，了解到一位老农买不起耕牛，眼看就要误农时，周逸群就将自己身上的大衣以及手表卖掉，把钱交给老农买了一头耕牛。为扩大革命影响，利用洪家关赶场的时机，周逸群登上临时搭起的台子，向群众作宣传演讲。他把在群众中调查收集到的情况与党的主张、革命的道理结合起来，讲得深入浅出，感人肺腑，许多群众纷纷要求加入到革命队伍中。

在发动和组织群众过程中，周逸群还将农民受压迫、受剥削的痛苦遭遇编成歌词，配上群众喜爱的《苏武牧羊》调子，教群众唱。革命歌声很快在湘鄂边偏僻的山乡回荡：

农民，联合起来啊！
黑地又昏天，压迫数千年。
耐劳苦，忍饥寒，生产供人间。
手胼复足胝，终岁不空闲。
历尽难中难，才到打谷关。
四六、三七租课付齐，衣食不周全。
想来好伤悲，农民真吃亏。
要吃饭，要穿衣，大家打主意。
快快来团结，加入农协会。
建立苏维埃，实行分土地。
铲除封建，打倒礼教，才得享安逸。

之后，周逸群又编写了《工农团结歌》《妇女翻身歌》等。这些歌曲，召唤着穷苦人民为翻身解放踊跃参军，激励着部队为革命英勇奋战。樵子湾等十几个村很快成立了农协会、妇女会，男男女女扛起梭镖大刀，打土豪劣绅，闹得热火朝天。

这期间，周逸群住在离洪家关不远的贺龙的二姐贺戊妹家。一天，周逸群发现贺戊妹家里来了一位年轻小伙子，长得敦厚笃实。经介绍才知道他的名字叫廖汉生，家住樵子湾。周逸群亲切地询问他家乡的情况，并给他讲了很多革命道理。廖汉生后来回忆说："虽然那是与周逸群初次见面，但是我已深深地敬佩这位党派来的代表，他是我参加革命的启蒙老师。"

经过周逸群、贺龙、贺锦斋等人的努力，到1928年3月底，组织起了一支以贺龙大姐贺英武装为骨干，包括贺龙胞妹贺满姑、旧部李云卿、王炳南等部队，拥有3700多人、600多条枪的队伍，成立了湘鄂边工农革命军，贺龙任军长，周逸群任党代表，黄鳌任参谋长，贺锦斋任第1师师长。

这时，新军阀间的"湘鄂战争"刚结束，湖南局势动荡，湘军无暇顾及对偏僻地区的控制。4

月2日，在周逸群、贺龙、黄鳌、贺锦斋的指挥下，工农革命军发起了桑植起义，迅速攻占桑植县城，建立了中共桑植县委和县苏维埃政府。

湘西工农革命军的成立和桑植起义的胜利，引起了敌人的极大恐慌。逃出县城的桑植保安团团长陈策勋，即向湖南省当局发去告急电。湖南省主席何键、清乡督办鲁涤平接到电报后，又急报南京。南京下令湘鄂黔三省，要趁贺龙立足未稳，一举荡之。

4月中旬，贵州军阀令第43军驻湘西的第3师第5旅龙毓仁部，会同陈策勋保安团，杀向桑植县城，共同“围剿”湘西工农革命军。由于工农革命军刚刚建立，武器装备七拼八凑，弹药奇缺不足，战斗力不强，扫荡团防还可以，但与正规军打仗，抵挡一阵后便支撑不住了。面对强敌的围攻，为保存革命力量，贺龙决定不能再战了，急令部队退出桑植县城，在梨树垭、三屋回等地迎战。

敌旅长龙毓仁见贺龙的队伍不堪一击，轻易就被赶出了县城，遂下令其部紧追不舍。工农革命军最终被冲散，贺龙、黄鳌带领数百人撤到苦竹坪一带，才摆脱敌人的追击。

这天，工农革命军来到苦竹坪宿营，贺龙拉着周逸群到竹林中坐下，叹道：“真没想到，旧部招来容易，打垮也不难。老周，你说是什么缘故？”

周逸群说：“我们太急于求成，胃口太大！这些未经改造的旧部队，好像抓在手里的一把豆子，手一松就散了。看来，要建设过硬的革命武装，必须以那些苦大仇深的工农子弟为主才行。”

贺龙连连点头：“对！我们只顾拉队伍，不晓得要整训队伍。”

周逸群说：“想是想到了，问题是敌人不给你时间，我们自己也不会争取时间。敌人重兵压境，为什么一定要和敌人对打，打输了才走？敌人大部队一来，能不能不打就走？”

贺龙听了赞同道：“你说得对，说得好，说出我心里想着的话。在洪湖时，打监利城失败后，我就想，北伐战争那套打法不行了，要变一变！回到桑植，还是走老路。现在龙毓仁咬着我们的尾巴不放，为什么不能将队伍化整为零，分开活动，等龙毓仁走了，再集中行动？”

周逸群毫不迟疑地答道：“行！湘西许多绿林

好汉带的队伍就是这种打法，来去一阵风，神出鬼没，我们可以借用一下。但是，他们那套打富济贫的做法不能借用，我们要发动群众，依靠群众自己起来革命！”

随后，周逸群和贺龙带领队伍在洪家关、梨树垭、苦竹坪与敌展开了3次战斗，结果部队遭到严重损失，士兵大部失散。战斗中，周逸群与贺龙也失去了联系。当时敌人的盘查很严，周逸群感到在这里难以立足，于是，被迫转往鄂西石首一带寻找部队。

贺龙转到桑植和鹤峰交界的红土坪一带，收集失散的队伍，坚持游击战争。7月，工农革命军正式编为中国工农革命军第4军（红4军），继续在湘鄂边坚持武装斗争和创建革命根据地。

心系洪湖游击队

周逸群在湘西与贺龙失散后，经多方寻找也

未能找到失散的部队，于是决定返回洪湖，在那里积聚和发展革命力量，建立革命区域与湘鄂边地区相呼应。更为重要的是洪湖地区战略地位很重要，群众基础较好，也需要加强党的领导。

早在 1928 年年初，周逸群就对洪湖周围几个县的情况进行了调查。华容、公安、石首、江陵、监利、沔阳处在长江和纵贯南北大铁路的交叉点的附近，是中原的咽喉，横跨洪湖和洞庭湖两大水网地域，扼控横贯九省水路的枢纽，可以控制长江中游，直接威胁着反革命统治的重要据点武汉、沙市和岳阳。而在周逸群、贺龙等离开洪湖地区后，鄂西、鄂中特委领导的几支游击队，继续进行了一些暴动，但由于没有发动广大群众参加，成果不大，反而暴露了革命力量。

1928 年 5 月，周逸群历尽千辛万苦，重返洪湖地区时，正值国民党军第 18 军大举“清乡”，工农革命军第 49 路军已经溃散，鄂西特委遭到严重破坏，特委书记张计储等 10 多名负责人牺牲。得知这些消息，周逸群又辗转石首、公安、监利寻找游击队。他沿着荆江大堤，眼中闪着焦急的泪水，悲伤、忧郁、愤懑、仇恨交织在一起，心里如同压了铅块，沉重得很。

周逸群躲在芦林里靠芦根艰难地度过3天3夜，这天，他筋疲力竭地躺在一堆芦草上，心想："唉！真是应了'山重水复疑无路'这句诗吗？"突然，他隐隐听到芦叶窸窸窣窣的声音，连忙警觉地翻身坐起来察看，发现来了2个人，便急忙闪到一棚芦柴后面。等那2个人走近时，啊！这不就是彭国材和李兆龙吗？"彭国材！"周逸群情不自禁地大喊道，飞也似的冲上前去。

彭国材和李兆龙一下子愣住了，几天芦林生活，让周逸群变样了，他光着两只脚，头发像鸡窝，身上穿的衣服已经脏得分不清颜色，要不是那双炯炯有神的眼睛依然如故，彭国材和李兆龙真不敢相认哩！

"老周！"沔阳游击队队长彭国材和石首游击队队长李兆龙一齐惊叫起来，前后抱住了他。好半天，他俩才放开周逸群，用手抹了抹脸上的泪水，一个拉着他的左手，一个拉着他的右手问道："你怎么到了这里？"

周逸群一摇头："唉！说来话长！"他把前后经过叙述了一遍。

李兆龙也诉苦说："自从你们去湘西后，游击纵队 3 个大队分开活动，彼此没有联系，活动范围很小，而且持续遭受敌人'清剿'的威胁。经过多次战斗，被敌人打得七零八落。第 2 大队在沔阳拖船埠几乎全军覆没，第 1 大队在桐梓湖边与敌遭遇，大部牺牲，余下 30 多人，由彭国材带回洪湖。没几天，第 3 大队在小河口被敌包围，伤亡很大，其余溃散。我死里逃生，跑到沙市找到鄂西特委，接着又参加了他们正在组织的工人暴动。暴动发起不久，张计储、张善孚、曹壮父等几个负责人就被捕，暴动也失败了。于是，我又跑回石首，发现县委机关也出了事，这才偷渡过了江，找彭国材。"

3 个人顺着弯弯曲曲的芦林小道走着，李兆龙忍不住问道："老周，你是回湘西还是留下？"

周逸群看着他反问："你说呢？"

李兆龙苦笑说："若是您回湘西，就把我也带走！"

彭国材笑起来："老周，别听他的，这是反话，他是怕您走！"

李兆龙摇着头："我真喜欢山区，不喜欢湖区！"

周逸群脸上的笑容消失了，默默地望着面前芦苇出神，好一会儿，才转过身问彭国材："你现在有多少人枪？"

彭国材说："100多人，70多条枪，3杆铳。"

周逸群又问："你是怎样和敌人斗的？"

彭国材说："敌人下湖'清剿'，如兵力少，就集中力量把它消灭。兵力多，就同敌人在港汊芦丛中周旋，用冷枪冷铳打击他；敌撤走，我就打他的尾巴；敌驻在湖边封锁，我利用有利时机，进行袭扰。"

周逸群一听，高兴地说："好哇！有闯劲！你没有学过军事，能这样打，是个了不起的创造。都像你这样搞，就会打出一个新局面！"

他拍拍李兆龙肩头说："宋朝农民起义的钟相、杨幺，不就是在洞庭湖建立起根据地！南至长沙、北达江陵、东至岳阳、西到常德的大片地区，都成了农民起义军的天下，坚持了 6 年之久。古代农民起义英雄能做到的，共产党人不更应该做到吗？”

李兆龙苦笑说：“你这一说，倒叫我糊涂起来，中央要我们占领城市，你要我们学钟相、杨幺，这不是南辕北辙，背道而驰？”

周逸群语重心长地说：“你说的正是我这几天困在芦林中一直思考的问题。我们共产党人是马列主义者，谈问题不能脱离实际。大革命失败后，南昌起义和广州起义都失败，鄂中、鄂西秋收起义也失败，今年组织的年关暴动又失败了。吃亏的原因，就是看不到革命形势的变化，看不到敌强我弱，仍幻想在城市一举取得成功。好像一个瘦得皮包骨头的人，想一口吃成一个胖子。应当像钟相、杨幺那样，搞一块根据地。”

李兆龙连连点头，忙问：“打算从何着手？”

周逸群说：“真正的英雄，是不怕失败的。常言道，失败乃成功之母！我们组织临时鄂西特委，改变斗争策略，和省委、中央接上头，听取指示。”

不久，周逸群与鄂西特委和石首、监利县委取得联系，与他们一起认真分析当前形势，提出

“集中各地武装，避实就虚，向洪湖方向游击，打开以洪湖为中心的斗争局面”的主张，得到各县领导的赞同。

周逸群决定把监利、沔阳、石首、华容、江陵各县武装力量集中到洪湖，并选择敌据点沔阳县之重镇峰口镇为突破口，打一个漂亮仗，重振士气。他先到江陵、石首 2 个县组织游击队边打游击，边向监利、沔阳转进。接着又将鄂中游击武装和华容游击队调进洪湖，在与萧仁鹄率领的武装会合后，决定夜袭峰口镇。

峰口镇由一个团防队驻守，镇四周有围墙，围墙外面是田野，仅有一座石桥连接镇内直通大街，这是进入峰口镇的唯一要道。5 月 20 日深夜，周逸群率领游击队悄悄将镇包围，同时派出突击队接近石桥，将守桥的哨兵制服后，游击队迅速冲入镇内，将毫无准备正在睡觉的敌团防队打了个措手不及，敌兵慌作一团，毫无抵抗之力，只用了 10 多分钟，就结束战斗，缴获了一批枪支和现洋 3000 元。

游击队进驻峰口镇后，立即在镇上刷标语做

宣传，周逸群在街头组织召开群众大会，处决了几个罪大恶极的豪绅地主，将没收来的财物分配给贫苦群众。这是数月来，工农武装最大的一次军事行动，有力地打击了敌人的嚣张气焰，鼓舞了斗志，增强了游击队员的信心。

峰口镇战斗后，敌第18军纠集监利、沔阳、潜江等县反动团防，一起向这里扑来，妄图消灭洪湖一带的游击武装。为避敌锋芒，保存实力，周逸群决定将游击队主动撤出峰口镇。但是，峰口镇的胜利是大家盼望已久的，游击队员还沉浸在刚刚取得胜利的欢乐中，一听说要撤退，有的同志就想不通。

一天晚上，在峰口镇河边的一户农家里，破旧的窗户被掩得严严实实。就着微弱的灯光，周逸群正在召开干部会，给大家讲解主动撤出峰口镇的原因。周逸群说："目前的形势是敌强我弱，而且处在革命低潮，我们不能只看到眼前的一点点胜利就满足了，要从长远出发，撤出峰口为的是保存好不容易聚集起来的革命力量，以图更大的发展。"

周逸群拿起一个铜盆放到桌子上，然后将喝

水的茶碗放到铜盆里，看了看大家疑惑不解的神情，他耐心地说道："我理解大家的心情，有的是不愿离开家乡，俗话说'故土难离'嘛；有的同志想和敌人痛痛快快地干几场。但是，不知大家想过没有，这铜盆好比是洪湖，峰口只不过像这只茶碗，若是洪湖控制不住了，峰口还能保吗？"

大家一听，心里明白了，思想也通了。撤退途中，游击队在周逸群的带领下，突破敌人的围追堵截，将队伍转移到沔西拖船埠。

一天，周逸群听到领导公安暴动的段德昌的消息，心里非常高兴，恨不得立刻就能找到他。在黄埔军校和南昌起义时，他就认为段德昌是一个不可多得的将才，但没有直接接触。后来两人都来到洪湖发动革命武装，但一个去了湘西，一个留在洪湖。现在他们终于可以在革命的大旗下并肩战斗，这实在是太好了，革命队伍正缺少这样的军事指挥干部啊！

经过多方打听，两人终于见面了。这才得知段德昌正带着 500 多名游击队员在洪湖的一个荒岛上进行训练。周逸群说："德昌，洪湖真是个好地方啊！几个重点县都地处荆江两岸，连着洪湖、洞庭湖，又在南北铁路的交叉点上，是整个中原地区的咽喉，这一地区东可逼武汉，南可牵岳阳，西可制宜沙，北可守汉水。我们要学毛泽东在井冈山搞红色割据那样，先建立一个立足点，这个立足点就是洪湖，有了这个立足点，才便于领导群众开展游击战争。”

段德昌连连点头说：“对，洪湖群众基础好，鱼虾莲藕丰富，是个理想的根据地。只是各地党组织被敌人破坏得厉害，武装力量也比较分散，发动斗争也有许多困难。”他顿了顿说。“不过现在有你在，许多工作就好开展。”周逸群当即建议，把两支队伍会合到一起。

游击队虽集中了各地武装，但除一部分队员有枪外，主要武器还是梭镖、鸟铳、大刀。当时潜江、监利、江陵的敌团防正集中对沔西实施联合包围，游击队的力量还不具备直接与敌对抗的条件，周逸群提出“甩开敌人，北出江陵，到敌人力量薄弱的荆门、当阳、远安地区开展游击战”的想法。

但由于监沔游击队多数队员不愿离开家乡，

不愿把家乡群众及妻儿老小抛在敌人铁蹄下。面对敌人的步步逼近，游击队只得分开活动。周逸群率领公安、石首、华容的游击队转移回石首，依靠良好的群众条件和有利地形，分别在华容、石首、监利一带袭扰敌军。留守沔西的游击队在强敌围攻下，不久就丧失殆尽。

重组鄂西特委

1928 年 5 月初，由于叛徒的出卖，鄂西特委在沙市遭到敌人的破坏，部分领导人遭逮捕。国民党沙市“清乡委员会”在大街小巷张贴布告，悬赏通缉特委及沙市党和工会负责人，沙市处在一片白色恐怖之中。周逸群闻讯后，立即赶到沙市，找到幸存的特委委员曹壮父和组织科主任等人，一起研究成立临时特委事宜，并决定将临时特委机关迁往宜昌，尽快与各地党组织、游击队取得联系。

为便于联络工作，周逸群派共产党员在沙洋

镇开办了一个医疗诊所，以行医诊病为掩护收集情报，传递信件，护送特委工作人员，购买枪支弹药等。还在宜昌市振声钟表店内设立联络站。

6 月 23 日，周逸群把这里的情况写信向党中央作了汇报，请求党中央和湖北省委指示。7 月中旬，湖北省委派代表万涛前往宜昌，正式组成以周逸群为书记、万涛为副书记，曹壮父、邹资生、段德昌等为委员的鄂西特委。周逸群在召开的第一次鄂西特委会议上，提出把工作重点放在克服“左”倾盲动主义残余和地方主义的主张，恢复整顿党组织与群众组织，建立农村革命根据地和开展武装斗争。

八九月间，周逸群赴上海参加中央召开的军事联席会议，他将鄂西特委确定的工作方针和任务作了书面汇报，受到党中央和周恩来的赞许。会议期间，他认真学习井冈山和其他革命根据地的斗争经验，用来指导和改进鄂西的工作。

一天，周逸群化名“易穹”，打扮成走街串巷的理发匠，乘船来到桃花山九佛岗青石坳，看见 10 多个农民正在石灰窑上出刚烧好的石灰。周逸群放下理发工具，走上前去与农民一起干了起来。开始大家都感到很奇怪，但看到周逸群干活十分卖力的样子，不一会儿就喜欢上这位年轻人了。出完石灰后，周逸群也顾不上休息，拿起理发剪就给农民理起发来，他一边理发一边拉家常，了解大家的情况。

原来，九佛岗一带的山、田和石灰窑，都被地主霸占和经营，农民无田无地，只有卖苦力，受地主的剥削和压迫，日子过得十分艰难。周逸群就给他们讲解农民为什么一年到头受苦受累还吃不饱穿不暖的原因和道理，启发他们的思想觉悟，鼓励他们起来同地主恶霸作斗争。不久，周逸群帮助他们秘密成立了农民协会，还吸收 13 名积极分子加入党组织。一个月后，九佛岗党支部成立，并积极开展革命活动，在该地发挥了很好的带头示范作用。

在特委领导下，鄂西地区很快就有 23 个县建立了党组织和民众组织。仅江陵、石首、监利、华容 4 县组织起来的农民就达 2 万余人。沔阳县建立了农委会筹备处，有农委会 32 个，会员约 2000 人。游击队的规模也在扩大，除原有的 1 个大队、1 个特务队外，各县还建立了游击队。

正当鄂西地区革命活动刚刚复苏，形势开始好转之时，敌人又开始了“清乡”活动，使有些党群组织再一次遭受破坏。鄂西特委副书记万涛被捕，鄂中特委、沔阳县委负责人邓赤中和刘绍南等同志也先后被捕。他们在敌人的威逼利诱面前，坚贞不屈，视死如归。

刘绍南面对敌人的酷刑豪迈地说：“我们革命为了工农翻身，为工农翻身必须杀尽土豪劣绅。今天我们不能杀你们，不久我们的同志一定要把你们斩草除根。”

邓赤中临刑前痛斥叛徒：“我死不足惜，但共产党三个字你要记得。”

在严酷的斗争形势面前，周逸群一方面迅速带领特委机关由城市转入农村，扎根群众之中，采取秘密工作和公开斗争相结合的方式，在群众中发展党团组织，建立农民协会，带领群众开展斗争；另一方面，将游击队分散各地，开展游击战争，配合群众打击土豪劣绅和贪官污吏。

这一时期，湖北省委机关亦被破坏，长时间得不到省委的具体指示。在此情况下，周逸群把鄂西和鄂中地区的工作统一担负起来，加强与中央的联系，他几乎每隔几天或半月就向中央书面汇报一次工作，并直接得到中央指示。

1928年冬，鄂西、鄂中地区的游击武装得到相当的发展，除邹资生领导的游击队外，还有段德昌和彭国材领导的活跃在洪湖地区的游击队，段玉林等领导的石首游击队。至此，从洪湖湖畔的瞿家湾、柳集、剅口，到白露湖附近的沙岗、华容和石首交界的东山等地，已形成了几块比较稳定的游击根据地。

周逸群在总结领导这一段游击战争的经验时说："避开与敌人正面冲突，埋伏在群众之中，看清敌人的弱点，出其不意地袭击敌人的后方，使敌疲于奔命，甚至引起兵变。"

此时，鄂西特委委员曹壮父调到湖北省委，万涛获释归来，周逸群为迎接新的战斗，一方面向党中央提出调整特委机构的建议，一方面研究和部署下一步的战斗任务。

04 星火燎原于洪湖

开创洪湖苏区

1929 年 2 月，鄂西特委在江陵沙岗召开扩大会议，周逸群等领导人依据党的六大决议精神，总结鄂西特委前段工作，作出进一步“发展群众组织”、“健全地方党组织”、“彻底纠正盲动主义、命令主义”、加强对城市工人运动和农村经济斗争的领导等决定。会议还着重研究发展游击战争的问题。

洪湖有纵横交错的河湖港汊作机动，有茂密的芦林作为进可攻、退可守的天然屏障，有星罗棋布的湖中墩台作为灭敌的战场，有丰富的莲藕菱角作为战争的后勤补给。周逸群在这里大显游击战的身手，他经常头裹青布头巾、身穿农民服装，与游击队员一起战斗，提出了“集中指挥，分散游击”的游击战原则，并同段德昌一起在指挥游击战的实践中总结出“避免与敌人正面冲突，埋伏在群众之中”的经验：就是“敌人来清湖时，我们就‘飞’，‘飞’到敌人附近去打，迫使敌人回击，我再‘飞’回来，而后相机伏击截击，消灭敌人”的机动灵活游击战术。

1929 年 3 月下旬，周逸群趁蒋桂军阀之争、鄂西敌人空虚的有利时机，带领刚在洪湖船头嘴成立的洪湖游击大队，在短短的 17 天内，在江陵、监利、石首等地与敌作战 21 次，每战皆捷。接着，指挥第 1 中队在冯家潭、河口，击败石首团防袁福阶控制的“神兵”，连夜攻占石首县城，从狱中救出被关押的党员和群众 70 余人。同时，由段德昌率领的游击大队第 2 中队，在赤卫队和地方水上游击队的配合下，兵分两路，一夜之间连续攻打姜家堤、夏家桥、拓木桥、聂家河、何家桥等 5 处“常练队”，击毙反动“铲共团”头目李生灿及其参谋

长等人，摧毁了洪湖西南地区的反动巢穴，打通了洪湖苏区与江南的交通要道。战斗结束后，那些曾为国民党卖命的士兵、团卒纷纷要求加入游击队，使第 2 中队人员大增，段德昌对他们进行教育后，扩充为第 4 中队。

洪湖游击大队及地方游击队的胜利，极大地鼓舞了人民群众斗争的激情。他们高兴地唱道："周逸群、段德昌，带着人马搞武装，一去个个空着手，回来人人有支枪。"游击队每到一处，都受到人民群众的热烈欢迎。游击队员散发传单，刷写标语，演唱革命歌谣，召开大会讲演，宣传党的方针政策和游击战争的胜利消息，各级党组织和群众组织纷纷建立起来。游击队员还结合当地实际，用农民最熟悉和喜爱的"十二月""闹五更""孟姜女"的曲调编写革命歌谣，深受农民群众的欢迎，他们争相学唱，革命歌声在湖水和墩台的上空回荡。

短短数月里，游击队在周逸群等人的领导下，紧紧依靠人民群众，狠狠打击敌人，使队伍不断发展壮大。不久，游击队就扩编为 2 个游击大队，下辖 5 个中队。地方党组织和农会、工会等群众组织也得到较大的发展。仅江陵、石首、监利一带的工农会员就达4万余人。

为了加强军队建设，7月末，鄂西特委在监利剅口举办军政训练班，培训来自江陵、监利、石首、沔阳、汉川5个县的80名基层干部，周逸群亲自制定政训班教学方案，编写教材，3次来到训练班为学员讲课。他的讲课紧密结合实际，深入浅出，一听就懂，一学就会，很受学员们的欢迎。经过训练的学员结业后，编入部队，充实到基层，成为红军中的骨干力量。

培训期间，有一次周逸群来到训练班讲课，正身患疟疾，同志们劝他休息，他执意不肯，直到把课讲完。房东张再望老大爷知道周逸群身患疾病、冷战不止，还要给大家讲课，心里十分难过，就拿出自己仅有的一件棉衣，执意要周逸群穿上。后来这件棉衣在战斗中丢失，周逸群一直挂念在心。1930年夏，他在监利县朱河镇特地做了一件新棉衣，请警卫员专程送到剅口张大爷手里，并写信表示感谢。周逸群牺牲后，张大爷一直舍不得穿这件棉袄，常常看着棉衣怀念“周同志”。

随着军事斗争的节节胜利，游击大队也得到相当大的发展。1929 年 8 月，周逸群根据党的指示，将洪湖游击大队集中到剅口柳家三屋墩进行整编，改编为洪湖（鄂西）游击总队，周逸群任总队长，段德昌任参谋长，总队下辖 3 个大队和 1 个教导队，这就是洪湖地区有名的“三屋墩整编”。随后，周逸群还根据毛泽东井冈山建军的经验，在总队成立政治部，中队以上设立党代表，同时建立党团支部和士兵委员会，加强政治教育，坚持作战讲评制度。经过整编后的洪湖游击总队士气高昂，纪律严明，战斗力大大提高。

这年夏末至冬初，在鄂西特委领导下，已有 18 个县成立县委和特别支部，党员有 2600 多人；农会、雇农工会也有了相当的发展。江陵、石首、监利、沔阳等县边界的洪湖、白露湖沿岸的乡村革命根据地渐渐由点连成片，初步形成割据的形势。在洪湖苏区内先后建立起区、乡苏维埃政权，形成了以洪湖为中心的湘鄂西苏区。

湘鄂西苏区党组织领导人民群众，烧毁了地主豪绅的契约，废除了一切地租、高利贷和苛捐杂税，采取活跃农村经济的政策措施。苏维埃和农民协会的权威日益增高，从政治、军事和经济方面为深入开展土地革命、彻底改变封建土地所有制做了充分准备。

8月中下旬，周逸群以中央巡视员身份连续向中央写了多份书面报告，总结鄂西地区革命斗争经验教训。其中，《鄂西农村工作》报告，深入剖析了在河湖平原地区建立武装割据的主客观条件：在游击队和红军建设方面，强调必须接受党的领导，规定“县委负责人得参加军事会议，而县委会议军事负责人亦得参加”，以密切和协调党政军关系；在战略战术方面，肯定“集中指挥，分散游击”的原则；在群众工作方面，总结提出“鄂西游击队的区域没有高山掩护，而且交通便利，敌进攻非常容易，若无群众掩护，则非常危险。当我们初发动时，实在没有好多把握，以为武装发展多了，目标必大，易被敌人包围，其实只要有好的群众基础，组织武装虽多，敌人在军事上亦不易包围”，强调了利用洪湖一带的特点，依靠群众的重要性；在经济工作方面，制定保护中小商人的政策，允许正当营业，苏维埃政府收取一定的税额，使其有利可图，但反对收暴利和放高利。监利县汪家桥商人见苏维埃不没收他们的钱财，将信将疑，心情不安地推出代表，表示愿意捐出 500 元做红军军饷，还深恐红军“嫌少了”。可是，当苏维埃政府负责人坚决不收捐款，并诚恳地向他们解释党对中小商人的政策后，他们“非常满意”，而且到处宣传党的政策和言而有信的作风，收到了极好的效果。

周逸群在这篇报告中总结的创建湘鄂西苏区的经验，与毛泽东、朱德等建立井冈山革命根据地的经验基本一致。以洪湖苏区为中心联系四周各县，开展河湖港汊地带的游击战争并形成根据地，是湘鄂西特委及周逸群等从实际出发，带领广大军民长期奋斗的结果，是党在革命初创阶段创造的基本经验。

创建红 6 军

1929 年 9 月，中共中央决定周逸群（化名左应龙）担任湖北省委委员、鄂西特委书记。

周逸群回到洪湖地区一年多来，领导该地区的革命运动和游击队的迅猛发展，极大震惊了敌人。这年秋末，国民党以10倍于游击队的兵力，疯狂进攻洪湖苏区。此时，土豪劣绅也蠢蠢欲动。洪湖游击总队在周逸群、段德昌的指挥下，避敌锋芒，在熟练运用游击战术基础上，进一步提出“只打虚，不打实，要打必胜，不胜不打”的作战方针，最大限度地保存自己、消灭敌人。同时，在瓦解敌军工作上采取“投降受赏，来去自愿”的宽大政策。洪湖人民以“刀口对刀口，枪尖对枪尖，有我就无你”的不屈不挠的革命精神，与敌人浴血奋战，彻底粉碎了敌人的“会剿”计划。

12月，为总结经验教训，推动革命继续向前发展，周逸群在石首县袁家铺主持召开了鄂西党的第二次代表大会，会议通过了《关于鄂西党目前的政治任务与工作方针决议案》，以及农民运动、土地问题、苏维埃组织、职工运动、军事问题、经济问题等基本上正确的12项决议。会议选举新的特委，周逸群继续担任鄂西特委书记。

会后，周逸群根据党中央指示，在峰口镇将洪湖游击总队改编为中国工农红军独立第1师（中央独立师），段德昌任师长，周逸群为政委，下设2个纵队，共5000余人。会上，周逸群激动地讲道：“红军独立师的成立，意味着洪湖苏区革命的新起点。现在，我们有了红军，又有了洪湖革命根据地，我们就可以不断地打击敌人，不断地发展革命力量。”段德昌也代表红军独立第1师全体指战员向群众保证，红军不仅打好仗，还要和群众一起，保卫红色根据地、建设根据地。他们的讲话给大家以极大的鼓舞，会场上“中国红军万岁”的口号声响彻云霄。

1929年，中共中央为培养各根据地急需的干部，周恩来主持在上海举办了军事训练班。许光达、孙德清等人在训练班学习1个月后即被派往洪湖根据地领导武装斗争。此后不久，党中央又派柳克明（柳直荀）以中央军委巡视员和中共长江局特派员的身份，到鄂西根据地巡视工作，传达党中央的指示。威震敌胆、擅长兵运的旷继勋也被派到鄂西工作。中央派来鄂西工作的同志，大部分是

打倒蒋介石

大革命时期加入党组织的共产党员，有丰富的革命斗争经验，他们中有的还是经过军事院校专门培训的优秀指挥员，比如，孙德清是黄埔军校第 1 期毕业，许光达是黄埔军校第 5 期炮科毕业。这些人的到来，对鄂西武装斗争的领导力量是极大的加强。

1930 年 2 月，根据党中央指示，独立第 1 师改编为中国工农红军第 6 军。孙德清任军长（不久因病离职，由旷继勋继任），段德昌任副军长，周逸群兼任政治委员，许光达任参谋长。下设 2 个纵队，段德昌兼任第 1 纵队司令，段玉林担任第 2 纵队司令员。红 6 军的建立，激发了部队干部战士空前高涨的热情，纷纷要求到前线英勇杀敌。

红 6 军成立后，周逸群立即着手建立健全党组织的工作，军和纵队设立党委和政治部机关，纵队下设党支部和党小组。第 1 纵队有党员 60 余人，成立了 3 个党支部，20 个党小组。第 2 纵队有党员 70 余人，成立了 2 个党支部 9 个党小组。同时还举办党员骨干训练班，加强党员教育；要求党员必须参加组织生活、交纳党费、履行党员的权利与义务，在战斗和各项工作中发挥先锋模范作用。对外严格执行群众纪律，对内提倡政治、经济、军事民主。

经过整顿，使这支队伍很快变得没有旧式军队恶习、阶级觉悟高、亲近人民群众、作战勇敢顽强的人民军队。“各县的群众，几乎无有一处不是欢迎红军的”。人民群众主动为红军提供物资、慰问伤病员。到处呈现出“只把眼睛睁，到处都是兵，手戴红袖章，颈围红手巾，枪上配红缨，真是红色兵”的喜人景象。红 6 军的成立，标志着鄂西革命武装由小到大，由分散到集中，开始从游击战到较大规模的游击性运动战的转变。

1930 年 2 月 7 日，红 6 军在监利新观召开万人大会，誓师出征。部队连克龙湾、熊口、老新口、张金河等重要市镇，占领新沟咀、渔洋镇后，继而夺取潜江县城，接着又乘胜再克郝穴、沙市观音寺等据点。4 月，跨江南下，攻下藕池、石首县城和调关等重镇，军威大振。5 月，又乘蒋、冯、阎军阀混战之际，抓住有利时机，向东挺进，占领沔阳、仙桃、系马口、汉川等城镇，前锋到达武汉附近的蔡甸，威震武汉三镇。这时，红 6 军已迅速发展到 6000 余人。

红 6 军每到一地就做宣传动员工作。战士们打起红旗向群众讲解土地革命政纲；在有当铺的地方执行“20 元以下无本取当，20 元以上无利取当”的政策；对被俘敌军实行优待政策，促使敌军动摇和瓦解。他们雄姿焕发，英勇骁战，敌人异常恐慌。沙市反动政府慑于红军声威，急电南京与武汉政府，请求派兵“进剿”。而广大的贫苦群众“莫不称道红军好”，赞颂红军的歌谣，传遍洪湖水乡。他们称颂道：

> 地米子菜开红花，红军哥哥到我家。
> 不是百姓故意夸，红军哥哥太好啦。
> 不是你抢挑水桶，就是他把扫帚拿。
> 不沾百姓一根草，对待百姓象一家。

此时，洪湖苏区已建立起了江、监、石、沔、潜 5 县苏维埃政府，农民赤卫队发展到近 20 万人，游击区扩大到 17 个县的广大农村。面对迅猛发展的革命形势，周逸群和鄂西特委于 4 月召开了鄂西特委第一次工农兵代表大会，成立了鄂西 5 县联县政府，周逸群当选联县政府主席。联县政府内设土地、军事、水利、经济等部门。

联县政府在周逸群的领导下，制定并颁发了《土地问题决议大纲》《土地革命法令》等，实行“没收地主及一切公田、一切半地主性的富农的多余出租土地，平均分配给无地和少地的农民，中农土地不动”的政策，极大地调动了广大农民的革命积极性。这一系列新经济政策的出台，有力地促进了当地生产和经济建设的发展，粉碎了敌人的经济封锁，根据地得到巩固。

在洪湖革命根据地形成的同时，鄂西特委还向地处边远、交通闭塞的巴（东）、兴（山）、归（秭归）地区及鄂北鄂西北地区派出代表，向他们传达党的六大决议及特委指示。根据这些指示，6月，巴兴归苏维政府成立，并组织了赤卫队等群众武装。到7月底，有23个县都先后建立苏维埃政权。几千年被压迫在最底层的劳苦群众掌握了“印把子”，犹如千年铁树开了花，他们以千百倍的热情歌颂自己的政权，村里街道贴满标语，苏维埃政府门前贴着“肃清封建残余，创造崭新社会，赤光照射全世界；推翻反动统治，建设劳动政府，工农直登大舞台”的对联。

群众豪迈地唱道：“灿烂的山河，鲜美的衣食，都是劳动的结果。工农们，团结起来啊！建设苏维埃。”

任红 2 军团政委

周逸群与贺龙自 1928 年 4 月失散分别后，一个在湘鄂边地区、一个在洪湖一带开创革命根据地，分别创立了红 4 军和红 6 军，两军彼此都在不断设法使两地的斗争紧密联系起来。1929 年，党中央也指示贺龙率红 4 军向鄂西公安、松滋一带发展，与周逸群所领导的红 6 军会合。周逸群时刻关注着红 4 军的活动路线，以便及时接应。

1929 年 12 月，鄂西党的第二次代表大会结束后，鄂西特委派副书记兼组织部长万涛前往红 4 军商讨东进事宜。

万涛突破重重险阻，于1930年2月到达红4军驻地鹤峰，贺龙万分高兴，热情迎接周逸群派来的亲人。万涛向湘鄂西前委传达了党中央的指示和鄂西党的二大精神，以及鄂西特委有关红4、红6军会师洪湖的计划。湘鄂西前委经过研究，作出具体部署，抽调部分红军骨干组成湘鄂边独立团，留在湘鄂边坚持斗争。贺龙、万涛等率领红4军主力离开鹤峰向洪湖方向转进。部队途经长阳到达五峰时，遇国民党军和团防的阻击，红4军奋力还击，夺取五峰县城。在五峰稍事停留后又继续东进。这时敌军调集大量兵力层层设障，使部队难以前进，前委决定只好暂时回师鹤峰，伺机东进。

1930年夏，全国已形成10余块革命根据地，各根据地之间互相呼应。此时的蒋、冯、阎各派系军阀都在调兵遣将，展开混战，以决雌雄，对革命根据地的进攻也暂时相对减弱。敌人在湘鄂西的驻军仅保留彭启彪的独立第14旅、驻沙市李云龙2个团的少数正规军和地方团防武装。周逸群和鄂西特委觉得实现红4、红6军会师的时机已经成熟。于是，决定首先夺取公安，再攻荆沙，为两军会师创造有利条件。

鄂西特委一边通知红4军前委立即率部东进，同时命令红6军西进公安，迎接红4军。

红4军折回鹤峰不久，就接到周逸群的来信。贺龙立即率领主力部队向盘踞五峰的孙峻峰团防发起进攻，五峰县城再度被攻克，随后向松滋、公安进发。一路上打败敌人的多次围追堵截，经过4个月的艰苦转战，于6月18日攻克公安县申津渡，转至松滋西斋，待机与红6军会师。

红6军自汉阳西进，经监利尺八口渡长江，占领石首县城后，于7月1日攻克公安县城。7月4日，两军终于在公安县南坪镇胜利会师。

7月的江汉平原，骄阳当头，酷暑难耐。经过长途跋涉和不断战斗的指战员们早已疲惫不堪，当他们看到这两支从艰难历程中走来，从无到有、从小到大发展到万余人的红军武装终于会合到一起时，无不沉浸在胜利的喜悦之中。大家互相抱肩抚背，疲劳与炎暑都抛到了九霄云外。

周逸群带领红6军的同志们早就在城西迎候。当贺龙军长策马前来时，周逸群等人一拥而上，把贺龙等人团团围住，热烈握手，互相问候。贺龙紧紧地握住周逸群的手，两位从南昌起义中走来，生死相依、分分合合，再度重逢的战友互相深情地注视着，贺龙满怀激情地说："这两年来，你不在身边，我总感到缺少一颗定盘星，叫我想得好苦啊！你肚里有马列主义，今后可得多教我一点！"周逸群说："我还是个小学生，要说马列主义，我看只有拜毛泽东为师。"

次日，周逸群主持召开隆重的庆祝大会，公安县苏维埃政府、人民群众欢天喜地送来慰问品，满街都贴着欢迎亲人的标语，青年纷纷要求参加红军。在苏维埃政府支持下，红军队伍很快又增加了数百人。

会师宴上，周逸群满怀激情地吟诗一首，表达对两军指战员不畏艰难险阻英勇战斗、冲出困境实现胜利会师的英雄气概和不怕牺牲、勇往直前的红军精神的赞美，同时也表达了他自己对革命的赤胆忠心：

壮志何慷慨，志欲成八荒；

马车远行役，受命念自忘；
良弓挟乌号，明甲有金光；
临难不顾生，身死魂飞扬；
岂为全躯士，效命奔战场；
忠为百世荼，义使令名彰；
垂声谢后世，气节故有常。

会师后，按照中央的指示，红4军番号改为红2军，与红6军组成中国工农红军第2军团，简称红2军团，贺龙任总指挥，周逸群任政治委员兼军团前委书记，孙德清任参谋长，柳克明（柳直荀）任政治部主任。红2军团下辖红2和红6两个军，贺龙兼任红2军军长，朱勉之任政委；旷继勋任红6军军长，段德昌任政委。

殚精竭虑保苏区

1930年9月中旬，党中央派邓中夏来到洪湖，接任鄂西特委书记和红 2 军团政委职务。邓中夏是中国共产党的最早党员之一和无产阶级革命家。1928 年 8 月，他被选为代表去莫斯科参加了中国共产党第六次全国代表大会和共产国际第六次代表大会，1930 年从苏联回国。由于他在国外工作两年多，对国内的形势，特别是对湘鄂西苏区的情况不是很了解。当他来到湘鄂西苏区后，既没能从湘鄂西斗争的实际出发，也没有去调查研究，只是按照中央的既定方针执行“左”倾冒险主义路线。

邓中夏到职后，于 9 月 20 日召开前委扩大会议，传达中央要求红 2 军团配合红 1、红 3 军团进攻长沙的指示，并主持讨论红 2 军团的作战部署。根据大家的意见，会议作出先攻监利县城，再向江南发展，以巩固洪湖为中心的苏区的决定。监利县城被攻克后，邓中夏在前委与特委的联席会议上，将鄂西特委改组为湘鄂西特委，并自任书记和军团前委书记，周逸群被调往地方工作。后因邓中夏要随军行动，由周逸群代理湘鄂西特委书记，兼任联县政府主席，管辖 30 余县。

周逸群同特委和湘鄂西联县政府领导人共同

研究决定：除继续健全各级苏维埃政府，抓紧完成土地革命任务，坚持行之有效的经济政策外，同时从政治上、经济上做好军事斗争的准备。

邓中夏为执行配合红 1、红 3 军团打长沙的任务，除红 2 军团外，还要求各地方武装全部随红 2 军团离开苏区。当红 2 军团南下至监利朱镇时，接到中央停止行动的指示，前委研究决定，部队北上收复沔城，肃清东荆河以北、襄河以南地区的反动武装。周逸群动员各地党组织、苏维埃政府、游击队、赤卫队等密切配合，红 2 军团连克沔城、里仁口、彭家场后，继续渡江南下，又连克南县、华容、公安、藕池等地。至此，洪湖苏区已据有 7 座县城及广大农村，纵横数百里，横跨洪湖和洞庭湖两大水网地带。

红 2 军团南下后，蒋介石任命国民党第 10 军军长徐源泉为湘鄂川边“清乡”督办，派兵向以洪湖为中心的湘鄂西革命根据地发动大规模的“围剿”。徐源泉妄图分三步来消灭湘鄂西革命根据地：首先进攻长江以北的潜江、沔阳、监利等地，继而向长江以南的石首、公安、南县、华容推进，彻底摧毁洪湖苏区后，再全力向湘鄂边、巴兴归苏区进攻。

为了保卫洪湖根据地和人民群众生命安全，周逸群和特委采取紧急措施，带领根据地军民同敌人开展英勇搏斗。他提出，我们一定要保卫苏维埃这面光辉的旗帜！而保卫红色政权的唯一办法就是依靠群众力量，把人民群众全部武装起来，对付强大的敌人。特委和联县政府把苏区各县的青壮年组成赤色警卫队，直属湘鄂西苏维埃政府军事委员会领导，担负肃清苏区附近反动武装和巩固苏区的任务；把妇女组成赤色守备队，担任放哨、守卡、严防反革命破坏活动和维持治安任务；把少年儿童组成少先队，担负站岗放哨、看护伤病员、送水送饭等后勤工作的任务。整个苏区形成了全民武装、一切行动军事化的局面。

就在这时，红 6 军军长段德昌被迫离开红 2 军团，回到了洪湖。他把在杨林战斗中与主力部队失掉联系，后又回到洪湖根据地的 3 个营共千余名红军组织起来，成立新 6 军，加入保卫洪湖革命根据地的行列。在苏维埃政府赤色总队部的领导下，湘鄂西革命根据地军民同仇敌忾，誓死捍卫苏维埃旗帜。周逸群将各县游击队、赤色警卫队、赤色教育队和赤色守备队等地方武装，分别编为江右军和江左军，由段德昌、段玉林指挥，他们利用洪湖地区复杂的地形条件，开展群众性游击战争，灵活机动地打击敌人。

为保卫洪湖苏区这块革命根据地，周逸群还给红 2 军团去信，敦促迅速回师，共同粉碎敌人的“围剿”。同时加紧解决鄂西地区农民的土地问题，落实原特委联席会议所制定的方针政策，开展土地革命、保护和发展小农经济，最大限度地调动农民的积极性，促进农业生产的恢复和发展。为解决根据地财政经济问题，湘鄂西特委先后建立了湘鄂西人民银行，办起了造币厂，发行印有“中华苏维埃共和国国家银行湘鄂西特区分行”的 5 种纸币和铜币及银圆等。开办了一些服务于革命战争和人民生活需要的兵工厂、被服厂、造纸厂、制盐厂；兴办了学校、医院；出版了宣传刊物。

为了提高苏区纸币和硬币的信誉，周逸群为湘鄂西人民银行起草了一个布告，规定各县支行和汇兑处随时都能兑换其他货币；凡是拿湘鄂西特区分行的纸币或硬币到消费合作社购买东西，价钱有优待；用它缴纳土地税、营业税和海关税的，可以免征0.5%。在敌人实行经济封锁的情况下，洪湖苏区的货币在敌区是不能使用的，但是联县政府却可以利用自己的货币在市场流通中换取敌人的货币，然后用敌人的货币到敌区去购买根据地军民所需要的物资。洪湖苏区自从有了自己的货币，对于打破敌人的经济封锁、发展根据地的商品交换、活跃根据地经济、改善军民生活起了积极作用。

在周逸群和湘鄂西特委的领导下，经过艰苦卓绝的斗争，打开了湘鄂西革命斗争的新局面，使革命的星星之火逐渐燃遍湘鄂西，形成了以洪湖苏区为中心的湘鄂边苏区、巴兴归苏区和荆当远等游击根据地在内的湘鄂西根据地。

游击战术显神威

1930年年底，国民党湘鄂川边“清乡”督办徐源泉出动 5 个师 7 个旅的兵力，同时纠合各地团防共 3 万多人向洪湖苏区凶猛扑来，准备趁红 2 军团主力离开洪湖之际血洗苏区。

由于红 2 军团离开根据地时，抽调了大量地方武装，红军主力只有 1 个新编独立团，不过 1000 人；11 个县地方武装加起来不到 2600 人，红 2 军团只留下 80 支快枪，各县枪支加起来只有 300 多支，武器装备也比敌人差，难以抵御敌人对洪湖苏区的进攻。

面对严峻的敌情，周逸群在《苏维埃区域的守备问题》中，要求所有人员“加紧白刃战的学习，务要接近敌人以旧式武器夺取新式武器”。在苏区武器奇缺的情况下，他指导士兵进行严格的军事训练，要求士兵有很好的刺杀技术，而且要有极强的心理承受能力。他说：“白刃战的目的，是白刃向敌冲锋而摧破之，以决战斗最后的胜负，无论什么枪的刺刀，都不如大刀、梭镖之便于使用。假使对于大刀、梭镖加以整顿和训练，再利用地势和一切方法去接近敌人，必然可以用旧式武器缴敌人的新式武器。”

苏区有个湘鄂西兵工厂，原来只有 30 多个工人，而且只能打造一些大刀梭镖，或者修旧利废装配一些简单的枪械。周逸群从上海、武汉、长沙等地请来军工技术人员，又巧妙地躲过敌人的盘查，运来几部车床和 1 个 90 匹马力的动力机，很快，兵工厂不仅能修理驳壳枪、步枪、机枪、迫击炮，还能生产相当数量的枪支和子弹。为适应战争的需要，周逸群要求兵工厂研制手雷和地雷。10 月的一天，周逸群来工厂观看第一批手雷和地雷的爆炸试验，1 颗 20 多斤重的地雷爆炸试验成功，其威力可以把周围 3 丈远的树木炸伤，受到周逸群的表扬，工人们的热情更高了，接下来研制的水雷，也试验成功了。

湘鄂西特委建立的兵工厂，使得苏区的武器有相当的发展。周逸群带领洪湖苏区军民在采取分散游击集中指导的原则的游击战斗中，除了土炮、土枪之外，还运用水雷、手雷和地雷等武器击灭敌人，与梭镖、大刀相互扶持，一手拿枪，一手拿刀，展开了保卫根据地的斗争。

1931 年 1 月 1 日，徐源泉派出 5 个旅的兵力，分别从潜江、沔阳、新堤、螺山、监利等地同时出动，向洪湖瞿家湾周围地区展开了第一次“围剿”。敌人采取同时出击、分割包围的办法，企图切断洪湖各县通往江陵的要道。在周逸群和段德昌的指挥下，江左军利用湖泊水网的有利地形，避实就虚，迎头痛击，在给敌军造成一定杀伤后，灵活机动地将主要力量转移到外线与敌周旋，只留少数兵力埋伏在根据地引诱敌人。同时，独立团和江右军分别在石首、华容等地有力配合江左军，取得了一次歼敌共 2 个营的战绩。

3 月 1 日，敌人又调动第 48 师和新编第 11 师向洪湖根据地开展第二次“围剿”。敌第 48 师从公安、郝穴、藕池、石首发起进攻；敌新编第 11 师主力由安乡向高基庙进攻，一部自南县向华容进逼。

为避免苏区遭受更大的损失，周逸群在石首调弦口召开特委和联县政府紧急会议，研究决定：一是将医院、兵工厂等后方机关及辎重物资逐渐转移出洪湖；二是趁敌人主力进攻江南之机，由段德昌率独立团往江北，在赤色警卫队、守备队等武装配合下，尽快恢复江北苏区；三是抽调石首、华容、南县等县干部开辟洞庭湖滨各县工作，建立洞庭特区，作为坚持江南斗争的依托，造成北有洪湖，南有洞庭，中有华容东山根据地，南北策应与敌人长期周旋；四是组织江南各地人民群众迅速向东山地区转移。会后，独立团、特委和联县政府机关转移至洪湖瞿家湾一带。

此时，敌人已集结大批兵力向石首、华容扑来，江右军各大队奋力抵抗，终因敌强我弱，多处被敌占领，根据地形势日趋严重。周逸群指挥江右军巧妙与敌周旋，最后率领江右军大部不得不退至洞庭湖一带防守。

4 月初，敌人的“追剿”开始从石首、华容、岳阳向东山合击。江右军第 8 大队和华容游击队，对敌人展开侧击和尾击，并在三葑村、检板桥给敌人以狠狠打击，但也没能阻止敌人合击速度。

周逸群了解到华容、石首、公安 3 县的群众大部分已转移进山，但还有 1 万多地方干部和群众骨干不肯走，他们要与游击队、赤卫队战斗在一起。

周逸群觉得这十分危险，于是对负责转移群众的华容县赤卫队总队长吴文煊说：“你马上带着赤卫队赶到东山，同第8大队和县游击队一起利用山险，拦击和堵住敌人，天亮以前，不得让敌人上山！无论如何，你们一定要缠住敌人，咬住敌人！”

说完，周逸群又命令身后4个警卫员：“现在你们4个都出发，小关去江北小河口，小王去塔市驿，小陈去砖桥，小刘去江北沙夹边，任务一样：通知当地党组织和赤卫队，封锁长江南北两岸，组织江船、渔船，天亮之前，要为东山1万多名干部和群众过江做好准备。”

4个警卫员刚要出发，周逸群又叫住小关：“小关，你还要告诉万涛同志，1万多名干部群众向江北大转移，要分两条路线走：一路经塔市驿渡江，去石首江北区；另一路经砖桥渡江到沙夹边，去监利朱河区。”

“记住啦！”小关和其他3个警卫员齐声答应，转身向各自的方向奔去。

交代完这些后，周逸群回头对华容县委书记蔡玉昆说：“老蔡，你现在是转移总指挥了，也立即带队出发！”

天色还未破晓，1 万多名干部群众分两路向江边疾进。水雾笼罩的江面上一只只木船，像整装待发的战舰，整齐地排列着，护浪林中摆好了 3 门土炮，炮口对准江面。转移的干部群众迅速地上船，第一批转移的人过去了，第二批转移的人又过去……因为船身小，每批只能安排 500 人过江。

天刚刚亮，敌人就向江边尾追了过来。东山方向第 8 大队队长朱祖光指挥战士和赤卫队员，死死地堵住敌人上山，他们承受着数倍于己的敌人轮番攻击。

这时，从前方来人急忙报告：“首长，槎港山的敌人又增援了，赤卫队顶不住已经退到五马口了。”

周逸群听后，急忙说道：“马上把有武器的同志集合起来，投入战斗！”

等待转移的干部群众一下子都拥过来，他们扛着梭镖、渔叉、木棍，争先恐后地要求参加战斗。

周逸群大声喊道：“不要争！有‘来路货’（五

响枪和九响枪）和‘土特产’（一响枪和独撅手枪）的同志跟我来，没有的作预备队，随时准备战斗。”

蔡玉昆一把拉住周逸群说：“老周，让我去指挥！”

周逸群顾不得说别的，问道：“谁来指挥渡江？”

蔡玉昆争辩说：“请你指挥嘛！我要对你的安全负责！”

周逸群将手一摆，连忙说道：“正因为前头危险，我才要去啊！作为一个共产党员，在这紧要关头，既是指挥员，又是战斗兵！”他用手指了指堤下等待转移的群众，“老蔡，你要特别关照他们！”说完一转身，把手枪一挥：“同志们，跟我来！”

临时组成的战斗队，跟随周逸群向五马口奔去……

进入5月，蒋介石与桂系军阀之间的矛盾日趋尖锐，徐源泉部陆续被调往长沙，华容之敌大部撤退，驻沔阳的国民党岳维峻部有几个连发生兵变加入了红军。红3军第9师连获三官殿、沙岗、普济观、汪家桥等地战斗的胜利。江北除监、沔、潜等县城外，已全部回到苏区人民手中。江右军在江南连续向敌展开攻势，东山根据地也得到恢复，洞庭特区工作也逐步开展起来，反“围剿”斗争取得全面胜利。

在两次反“围剿”的斗争中，周逸群领导的根据地军民没有被来势汹汹的敌人所吓倒，他们在严酷的斗争中经受住了考验，得到了锻炼，捍卫了洪湖苏区胜利成果，发展了自己的力量：独立团由1000余人壮大至2000多人，江左军发展到1500多人枪，江右军也拥有800多人枪，还有警卫团等武装。全体军民更加斗志昂扬，信心百倍地为重建家园、建设根据地、保卫根据地而英勇奋斗。

为庆祝洪湖军民取得两次反“围剿”斗争胜利，周逸群满怀革命豪情写下《咏洪湖》，表达他对革命的必胜信念和乐观主义情怀：

洪湖万顷岁时长，浊水污泥两混茫；

小试翻天覆地手，白浪换作红旗扬。

周逸群、贺龙、段德昌等湘鄂西苏区领导人，带领洪湖地区人民在芦苇丛中、河湖港汊开展游击战争，武装力量不断壮大。敌人屡次派重兵“围剿”，都只能望湖兴叹。湘鄂西苏区的党组织，从洪湖地区的自然地理条件出发，开展河湖港汊地带的游击战争并形成根据地，这是中国共产党在土地革命战争时期的一个伟大创造。毛泽东在《抗日游击战争的战略问题》中对此给予了高度评价：“红军时代的洪湖游击战争支持了数年之久，都是河湖港汊地带能够发展游击战争并建立根据地的证据。”

05 钢铁般的意志

开辟洞庭湖特区

1931 年 3 月，正当周逸群领导洪湖军民进行第二次反“围剿”斗争处于胜利反攻之时，王明“左”倾教条主义路线执行者夏曦来到洪湖，全盘否定之前湘鄂西党组织领导军民所建立的革命业绩，宣布成立湘鄂西中央分局，夏曦任书记，同时取消中共湘鄂西特委及周逸群特委书记的职务，把周逸群排斥在军队领导之外。随后不久，湘鄂西中央分局书记夏曦安排正在生病中的周逸群以巡视员身份去江南检查工作。

一天清晨，天刚蒙蒙亮，周逸群就起床正准备离开瞿家湾，刚走出不远，他又站住了，眷恋之情潮水般涌上心头。他想，我还没有向同志们告别呢！就这样匆忙地离开他们吗？正在这时，特委委员、联县政府负责人崔琪，监利县委委员李铁青等人跑了过来，他们是来为周逸群送行的。

李铁青望着周逸群的病体，同时又体察到他内心的委屈，情不自禁地上前摸了摸周逸群滚烫的额头，劝慰说："逸群同志，你病成这样了，还是把病治好再走吧！"原来周逸群已发烧好几天了，在病中还为谋划渡江战斗的事操劳不止。

周逸群摇了摇头，说："现在是最为关键的时刻，只要我一天活着，我就一天不停止党的工作啊！"过了一会儿，他又坚定地说道："铁青，你是铁匠出身，知道铁有多硬。越是关键的时候，我们共产党员，就要像铁一样硬，钢一样坚强呀！"

万涛、段德昌、彭国材和 100 多名地方干部也不约而同地赶到码头，来为周逸群送行。段德昌双手抱住周逸群："老周啊！战场上的生死，我们已经习惯了，可这一次实在是……"段德昌欲言又止。

周逸群宽慰说："在什么地方都是干革命，放心吧，我知道怎么做的。”说完，他从皮包里拿出一张纸，快速写了两句话“路漫漫其修远兮，吾将上下而求索”，送到段德昌眼前，段德昌看后，略一思忖，肯定地点了点头。他是最能理解这位志同道合，同生死、共患难的好战友的。周逸群望着前来送行的战友，激动地说：“我虽生在贵州铜仁山区，但一到荆江两岸，就爱上了洪湖水乡。等革命胜利后，我一定回来和大家一起把洪湖建成聚宝湖。”他的话，让在场的人无不感动。

周逸群登上过江渡船，离开了他辛勤开创的洪湖根据地，来到洞庭湖畔，准备在这里继续开创新的革命根据地——洞庭湖特区。

洞庭湖，方圆八百里，是江南著名的“鱼米之乡”。湖边浅水处，生长着一片片杨柳树，杨柳林间形成无数纵横交错的水上通道。这里又是一处理想的游击区域啊！周逸群感叹道。

周逸群来到洞庭湖的磨盘洲后，深入各地调查研究，了解情况，同洞庭湖特区区委一道调整干部队伍，用有能力、能打仗、党性强的干部充实各级领导班子；为了加强武装力量，在原有的江右军和部分赤色守备队基础上，又组建了特务营。这里的人民多年来深受渔霸地主的欺压，革命愿望强烈。周逸群针对洞庭湖特区渔民、樵民及贫苦农民的实际，制定相应的抚民政策，极大地调动了广大人民群众投身革命的积极性。当时正值春耕时节，周逸群了解到滨湖农民被两个问题所困扰：一是春耕春播缺少种子的问题，二是插旗山团防队和田赋征收处欺压群众的问题。周逸群决定，把江右军从华容敌人手中夺取的稻谷分一部给群众作春播的种子；同时武装铲除插旗山团防队和田赋征收处，彻底消除民害。

华容城内外，人山人海。运粮的队伍川流不息。挑的挑，抬的抬，汇成浩浩荡荡的运粮大军。周逸群在人群中忙来忙去，累得满头大汗，指挥战士优先将农民急需的春播育秧的谷种送到农民手中。华容县委书记蔡玉昆看着周逸群那布满血丝的眼睛，劝道："你的身体不好，回去休息吧！这里有我。"周逸群笑了笑说："怎么能休息呢？敌人可能提前来呀！我们去河边看看那里战备情况。"说罢，揩了揩头上的汗水，带着蔡玉昆又赶到部队。

不久，部队攻下了石首县城，缴获不少的粮食、布匹，还有猪羊、鸡鸭等，江右军军长段玉林看到这些战利品，想给战士们打一次牙祭，他找政委蔡玉昆商量，蔡玉昆心想：战士们餐餐野菜粥，真是“三月不知鱼肉味”，现在有丰盛的物资，应该改善一下生活，就点头同意了。周逸群得知后，找到段玉林，劈头盖脸地问道：“你究竟算共产党还是算国民党？”蔡玉昆惊愕地望着周逸群，平时很和气的特委书记，今天怎么凶成这样子？于是想缓和一下气氛，就说：“这件事是我们共同商量决定的！”周逸群一听，更加火了。他挥手打断蔡玉昆的话：“你们商量？共产党敲群众的竹杠！你们这样做，群众怎么看共产党？”

段玉林不理解地嘟囔道：“战士们流血流汗，打了胜仗，打一次牙祭，有什么不对的嘛。”

周逸群从衣袋里拿出 3 个糠菜团，伸到段玉林面前：“同志，群众在吃这个，这鸡鱼肉蛋你咽得下吗？”

段玉林愣住了。周逸群是个不容易动感情的人，但一旦感情的潮水涌上心头，又往往使他久久平静不下来。他继续说道：“我太激动了，火气大了一点，向你们检讨。可原则要坚持，道理要说透。”周逸群把手一挥，又激动地说：“你还记得吗？去年冬天，你、段玉林、我，还有焦山区委书记，正在焦山河开会，一个叛徒给盐鱼口伪区长送密信，带一个连的敌人来围捕我们。赵大婆得到消息，赶在敌人之前来到我们开会的茅屋。她把我们藏在湖里，一连 3 天，我们没法上村里弄吃的，只能扒点芦根嚼嚼，那能顶个啥事？就这样，我们在芦林里整整饿了 3 天。第 4 天，赵大婆来了，她满身是泥，怀里抱着一袋大米，晕倒在我们的面前。事后我们才知道，赵大婆领着自己的独生子进城，把儿子卖给一个大商人，为我们换来一袋大米。”周逸群哽咽着说不下去了，停了一会儿又继续说道：“老段，赵大婆用独生子换来的大米，自己晕倒在芦林里都没有舍得尝上一口！这就是人民群众啊！人民为了革命，付出多么大的代价。事后，我们去感谢赵大婆，你听她怎么说的：‘大婆不为别的，只图你们把狗日的国民党打光！让百姓过上安稳日子。我穷婆子还能有什么指望，来日革

命成功了，别忘到坟头烧张纸就行了！’同志！你刚才说的，还像是共产党员说的话吗？”

段玉林心里一颤，避开周逸群的目光，惭愧地低着头，主动承认了错误。周逸群说：“一船谷种，十船粮。先运谷种，后运军粮。”随即，他扛起粮袋，带头装船。在他的带领下，码头上下，指挥员、战斗员干劲倍增，扛上粮袋，飞跑如梭。

插旗山团防队和田赋征收处，是欺压当地人民的两只“豺狼”，他们横行乡里，为非作歹，敲诈勒索，害得人民苦不堪言。周逸群和洞庭湖特区区委决定，派出两个中队消灭插旗山团防武装，摧毁搜刮民脂民膏的田赋征收处，逮捕罪恶累累的湖中惯匪吴文善、李竹青和民愤极大的田赋征收员，召开群众大会宣布他们的罪行，然后就地正法，并当众焚毁田赋征收册。人民群众拍手称快，称赞道：“红军真是人民的大救星，为我们除了一大害。”

紧接着，周逸群又指挥江右军和赤色教导军向岳阳的杨林所团防发动袭击，消灭了顽固不化的头目和团卒，收缴武器弹药，一举攻克杨罗洲。

磨盘洲和杨罗洲等地的革命活动，使国民党大为震惊。湖南省“清乡”督办何键，纠集华容、南县、沅江、湘阴等地团防，开动大小汽艇、帆船，大举“清湖”。周逸群带领江右军和游击武装，采取避实击虚，化整为零，出其不意地伏击和消灭敌人的游击战术与敌周旋，扰得敌人惊恐万状。

战斗到生命的最后一息

自从周逸群来到洞庭湖之后，洞庭湖特区一天天发展壮大起来，革命形势十分喜人，不但令敌人害怕，就连身在洪湖的夏曦也担心洞庭湖特区壮大以后，自己控制不了局势。于是写信给周逸群，要求他速回洪湖瞿家湾汇报工作。同时，还派宋盘铭来到洞庭湖特区，准备接替周逸群。周逸群在一次会议上，对洞庭湖特区前一段的工作作了总结，对下一步的发展作了规划和交代。宋盘铭也参加了这次会议，他听了周逸群的报告后，认为周逸群开辟洞庭湖特区的做法是正确的，并建议周逸群不必往返江北浪费时间。随后，他们两人联合写信给夏曦，报告了洞庭湖特区的情况。但夏曦不顾大家的反对，执意要求周逸群回江北汇报工作。

1931 年 5 月 20 日清晨，朝暾半露，天地相映，一缕金黄和嫣红相融的颜色出现在天边。

周逸群在华容县赤卫队总队长吴文煊和水上赤卫队队长胡友光等人的护送下，一步一步爬上了明山头。前面是弯弯曲曲的藕池河，后面是滔滔巨浪的大通湖。一阵湖风吹来，芦林发出一阵阵喧啸。周逸群已真切地爱上了这片湖区，爱上了湖里供养人们的丰富物产，甚至对再普通不过的芦林也有深深的眷念。他沉默良久，指着苗壮挺拔、无边无际的芦苇，深情地对吴文煊和胡友光说："人们吃苇笋，烧苇柴，睡苇铺，住苇房，还用苇沤青肥田，踩柳捕鱼，编簟晒棉，织席围谷，连苇根也是一味清热泻火的良药。苇也是印书印报纸张的重要原料之一。我们共产党人，要把自己当作一棵芦苇，虽然默默无闻，没有什么光泽，但它全身都有用！我们要学它根走笋，笋发根，易生易长，处处为家；学习它鞠躬尽瘁，把自己的一切无私地献于人民！”

三四月份，石首、华容、南县地方干部工作队在特委领导下，像定海神针一样插入洞庭湖，发动渔民抗捐抗税，组织赤卫队，夺取敌人武器，培养骨干，发展党员，建起了20多个党支部，成立了洞庭湖特区。党组织还在20多个乡恢复渔民协会，打下了扎实的群众基础。用不了多久，就能形成八百里洞庭割据的局面，将与洪湖苏区形成犄角之势，便于相互呼应和相互支援，分散敌人主攻目标，使敌人穷于应付，不让敌人实现对湘鄂西两省“会剿”计划。

可是5月初，中央分局书记夏曦写来的指示信，无理地指责开辟洞庭湖特区是“分散兵力”，是“要逃跑”。指示“立即集中兵力，占领石首，华容两县城，打破脆弱的敌人”。一想起这些，周逸群便感慨万千。

周逸群告别吴文煊和胡友光等人，登上了一只名叫“双飞燕”的渔船。吴文煊为保证周逸群路上的安全还特意派了1个分队的战士护送。3只

"双飞燕"张开3个巨大翅膀，侧着身子在烟波浩渺的洞庭湖上飞行。午夜，"双飞燕"船队终于到达了杨花港。

杨花港是东洞庭南岸的一条小街，是水上通向华容东山根据地的必经要道。沿湖都是敌第19师占领的地盘。敌第19师在杨花港设了税卡，一个排在这里驻守。排长叫邹雷，是华容县委派进去的共产党员，他负责秘密掩护党内干部和交通员过境，3年来一直没有出过事。

在邹雷的安排下，小分队迅速弃船上岸，消失在浓重的夜色里。

黎明前，夜色显得更加黑暗，一大团一大团的浓雾像飘浮的棉絮，直往人脸上撞。突然，身后响起密集的枪声，火蛇一样的子弹在小分队战士的头顶上飞窜。战士们站在路边的树丛中聚拢在周逸群周围。

周逸群根据枪声判断，是敌人出来搞"清剿"了，我们恰在这个时候和他们遭遇。在以往的游击战中，突然与敌遭遇并不少见，只要判准情况，机动灵活处置，战胜敌人，或是安全脱险是很有把握的。但这次突然与敌遭遇，周逸群心中感到一种不安，感到敌人是有备而来，难道是党内出现了叛徒，出卖了情报？容不得周逸群多想，他严肃而果断地说：“同志们，现在情况还不明，我们不能冒失行事，否则就会暴露，或陷入敌人的包围之中。我们向东转移，尽快摆脱敌人！”

战士郭忠贵肯定地说：“我认识路，前面是贾家凉亭。”

周逸群说：“好，你给大家带路。”

分队长向国良命令道：“注意隐蔽，一个紧跟一个，一定要保护好首长！”

郭忠贵走出树丛，向前走去。大家紧跟着他，脚步谨慎而短促。大约走出了 2 里路，郭忠贵突然发现迎面而来的是一股敌人！他来不及报告，顺手就向敌人扔出一颗手榴弹。走在前面的敌人被炸后，后面的敌人转身就向后跑。目标已经暴露，周逸群命令道：“赶快向右撤！”

小分队撤到右边大麦地里，没走多远，敌人就分两路兜抄过来，边射击边喊：“投降吧，你们被包围了！”

夜幕笼罩下的麦地和树木里，敌人猫着腰往前搜索。眼看就要靠近了，向国良端起轻机枪就朝敌群猛扫了一阵。周逸群转过身，一把抓住向国良："不要恋战，快撤！"

小分队很快撤到北边的灌木林。

周逸群察看了一下四周，贾家凉亭周围敌军密布，吆喝声此起彼伏。要想突出去，必须把敌人的鼻子牵一牵，先向贾家凉亭佯冲一下，把敌人兵力引过去，然后向东北方向猛插。

周逸群布置作战方案后，命令道："同志们，动作要快，快冲！"

战士们扫出一排排密集的子弹，大声喊道："冲啊！"

敌人听到枪声和呐喊声，也在贾家凉亭那边响起来："共军从麦地跑了！快追！"

哗啦一阵子，贾家凉亭四面的敌人，盲目地打着枪，都向灌木林扑过来了。

"走！"周逸群见牵敌成功，带着小分队冲出灌木林，绕过贾家凉亭，直往东北方向撤离。突然，从东北麦地里窜出一片密密麻麻的敌人，拦在小分队面前。

周逸群正要急令战士避开敌人往回撤，然而敌人一排排子弹扫射而来，周逸群的腿被击中，他倒在了地上。向国良急忙过来救他，周逸群一把推开向国良，命令道："快往回撤！"

敌人更近了，战士们向敌人打出一排排子弹后，掩护着受伤的周逸群向贾家凉亭跑去。

敌人紧追不放，子弹嗖嗖地向他们飞来。身边的战士一个个倒下了，周逸群又被敌人的子弹打中，身负重伤，栽倒在路边的水沟里。

他强忍剧痛摸了摸身上皮挂包，这里有党的机密文件，决不能让它落入敌手。这时，已有20多个敌人成战斗队形向他步步逼来。

一个敌军官手拿指挥旗，嚷着："是个当官的，死活都要！"

周逸群迅速从身上摘下一颗手榴弹，揭开后盖，塞进装着文件的皮挎包，把拉环套在小手指上，另一只手扶着身旁的小树吃力地站起身来。敌人端着枪，远远地站在周围看着他，都不敢上前。敌军官站在远处观望了一阵，始终盯着周逸群身边

的皮挎包，心想一定是共产党的秘密文件和金条，如果把它弄到手，在上司面前一定可以领到一大笔赏金呢。他突然打了个手势，带着士兵，慢慢朝周逸群围了过来。

周逸群见敌人已经围了上来，立刻把扣在小指上的手榴弹导火线拉了出来。手榴弹在皮包内“嗞嗞”地冒着白烟，一秒，两秒……周围顿时变得死一般地静。一圈敌人张着恐怖的眼睛，望着这个威武不屈、视死如归的共产党人，忘记了逃跑，忘记了躲避。刹那间，皮包变成一团愤怒的火焰射向敌群，中国共产党忠诚的战士周逸群化作一颗金星永远留在了荆江大地……

06 尾声

周逸群牺牲的噩耗传到洪湖瞿家湾，当地军民无不为之悲恸！湘鄂西中央分局立刻停止正在召开的分局扩大会议，举行庄严隆重的追悼会，沉痛悼念这位为创建洪湖革命根据地作出卓越贡献的无产阶级革命家、优秀的红军领导人。会议根据主席团的提议，号召根据地人民开展悼念周逸群的活动。荆江两岸、洪湖苏区、洞庭湖特区人民自发地前往悼念，许多人为周逸群的英勇牺牲而失声痛哭、万分悲痛。贺龙为失去这位良师益友痛心疾首，他大声疾呼：这是湘鄂西党的巨大损失！逸群同志是值得我们永远纪念的！

1931 年 6 月 18 日，湘鄂西省委给中央发电报，报告了周逸群牺牲的消息，并请示将洪湖军校改为逸群军政学校以纪念他。同时，将湘鄂西首府瞿家湾的“红色书店”改名为“逸群书店”，将红色小学命名为“逸群小学”。

周逸群 33 年短暂而辉煌的青春年华，始终没有停止追求真理、为中国的革命事业坚持奋斗的脚步，他经历无数次艰苦卓绝的革命斗争，为人民作出了杰出的贡献。

周逸群本可以像一个普通中国人一样继承祖业，安心当家，发家致富，光宗耀祖，但贵州铜仁山区连绵的大山没能限制他的眼界，更没能阻碍他救国救民的步伐。为了探求救国于水火、解民于倒悬之路，他毅然抛家舍业，留学日本。他本可以一心向学，但国家的危难让他毅然走出校园，走上反列强、斗军阀的最前沿。回国后，他以笔代剑，宣传革命，抨击时弊，声名鹊起，但他最终还是弃笔从戎，投身黄埔。在黄埔军校，他坚定革命信仰，从此为党的革命事业奋斗到生命的最后一息。在北伐战争中，他以共产党的政治主张和自己的人格魅力影响了开国元帅贺龙和他的部队，最终把这支部队变成了党掌握的武装。南昌起义，他身先士卒，浴血奋战；起义失败后，他排除万难，回到党中央身边，再次领受革命任务，在湘鄂西的山山水水再次把革命的星火点燃，最终形成燎原之势，让敌人为之胆寒。

周逸群铁骨铮铮，耿耿丹心，襟怀坦荡，肝胆照人，严于律己，宽以待人，真诚地爱护和团结同志，关心干部的成长。他实事求是，坚持原则，旗帜鲜明，不隐讳自己的观点，不苟同，敢于同一切危害革命利益的错误言行作斗争。“洪湖水呀，浪呀么浪打浪啊，洪湖岸边是呀么是家乡啊。清早船儿去呀去撒网，晚上回来鱼满舱。四季野鸭和菱藕，秋收满畈稻谷香。人人都说天堂美，怎比我洪湖鱼米乡！”唱起这首脍炙人口、充满革命浪漫的《洪湖水浪打浪》，周逸群那身着中山装留着平头、浓眉大眼、神情坚毅的形象立即浮现在眼前。

他奋斗的足迹遍布了贵州、上海、广东、湖南、湖北、江西等地，最终落在碧波荡漾的万顷洪湖。他视洪湖为故乡，视洪湖人民为亲人。为了把这片土地真正变成当地人民的“鱼米之乡”，他和贺龙等同志一起发动群众、武装群众、砸烂枷锁，推翻压迫，鞠躬尽瘁，死而后已。周逸群和其他革命烈士的鲜血染红了那里的水，用生命换来了革命的最后胜利。

烈士光辉昭日月，先辈精神传后人。周逸群和战友们在湘鄂西苏区这块英雄土地上缔造的丰功伟绩，党不会忘记，人民不会忘记！

1957 年 12 月，高 27.6 米的湘鄂西苏区革命烈士纪念碑在湘鄂两省交界处的洪湖县新堤镇拔地而起。碑上刻有贺龙元帅的题词“革命烈士们的业绩鼓舞着我们永远前进”。碑座上铭刻着国务院撰写的碑文，当中有这样一段，“在几次伟大的革命战争中，湘鄂西的人民有成千上万的优秀儿女英勇地牺牲了。其中如周逸群、鲁易、柳克明（柳直荀）……”

1984 年 11 月 10 日，雄伟的湘鄂西苏区革命烈士纪念馆落成，时任国家主席李先念亲自题写馆名，曾追随周逸群一起战斗、时任全国人大常委会副委员长的廖汉生题写“湘鄂西革命历史陈列馆”馆名并出席落成典礼。纪念馆展示了湘鄂西苏区革命斗争的光辉历程，表达了全国人民对周逸群、贺龙等老一辈无产阶级革命家的深切怀念。

洪湖人民为了缅怀这位杰出的革命先烈，至今还传唱着这样的歌谣：

洪湖水上长莲苔，
莲苔年年把花开。
莲花时开时又谢，
烈士鲜花永不败。

周逸群离开洪湖人民近一个世纪了。他将永远留在洪湖人民的记忆里。他的革命精神，也将为洪湖人民世世代代传下去。洪湖人民正在将洪湖建成聚宝湖，全国将建成千上万个聚宝湖、聚宝山、聚宝盆。唯有如此，才能告慰周逸群等革命先烈的在天之灵！

后 记

当年，周逸群为了一个美好的梦想出发，来到洪湖，历经千辛万苦，和贺龙一起领导创建了湘鄂西革命根据地、创建了红2军团，使洪湖成为天下扬名的湘鄂西苏区首府、红二方面军摇篮、洪湖赤卫队故乡。

转眼建党已过百年，我们的国家已经站起来、富起来，正在强起来。我们的洪湖也正在成为真正的聚宝湖，可我们的洪湖赤子周逸群，没有等到革命胜利的那一天，没有等到聚宝湖建成的那一天。今天的洪湖水乡，碧波万顷、稻花飘香、鱼米满仓。这片土地早已成了他期待的模样！

如今，我们都在学党史，也都在问初心。初心在哪里？初心就在波澜壮阔、沉默如斯的历史里，我们不能忘记那些付出了青春、热血乃至生命的革命先辈，是他们让我们抵达今天，是他们让我们有机会去无限接近我们所期待的明天。

本书选取周逸群一生中最具有代表性的典型片段，再现了他的人生追求、精神品质和道德情操，热情讴歌了他信念坚定、对党忠诚的共产党人伟大品格，客观记述了他献身中国革命事业建立的卓越历史功勋。在编写过程中，得到军事科学院军队政治工作研究院领导和机关的大力支持；赵一平、康月田、张明金、李平、李博、陈政举等专家学者审读了书稿，提出了宝贵的意见。

主要参考资料和书目有：《中国工农红军第二方面军战史》（解放军出版社）、《周逸群传》（唐承德、姜之铮著/中共党史出版社）、《周逸群文集》（中共铜仁市委党史研究室编/中共党史出版社）、《洪湖英烈》（中共洪湖市委党史资料征集编研委员会办公室编/中共党史资料出版社）等。还参阅了周逸群创办的刊物及其著作、报告和有关的大量历史文献资料，以及贺龙等老同志有关周逸群的回忆录。

在此，谨向关心和帮助本书编写工作的各位领导、专家学者，以及上述书目作者、编辑致以最诚挚的谢意！

图书在版编目（CIP）数据

周逸群 / 军事科学院解放军党史军史研究中心编
. -- 北京：学习出版社，2022.11
（中华先烈人物故事汇）
ISBN 978-7-5147-1123-3

Ⅰ.①周…　Ⅱ.①军…　Ⅲ.①周逸群（1898-1931）-生平事迹　Ⅳ.①K827=6

中国版本图书馆CIP数据核字（2022）第003246号

周逸群

ZHOU YIQUN

军事科学院解放军党史军史研究中心

责任编辑：翟晓波　　封面绘画：刘书移
技术编辑：贾　茹　　内文插图：韩新维
美术编辑：杨　洪

出版发行：学习出版社
北京市东城区崇外大街11号新成文化大厦B座11层
（100062）
010-66063020　010-66061634　010-66061646
网　　址：http://www.xuexiph.cn
经　　销：新华书店
印　　刷：北京市密东印刷有限公司

开　　本：787毫米×1092毫米　1/32
印　　张：5
字　　数：71千字
版次印次：2022年11月第1版　2022年11月第1次印刷

书　　号：ISBN 978-7-5147-1123-3
定　　价：20.00元